数字迁徙

冯伟·编著

电子工业出版社
Publishing House of Electronics Industry
北京·BEIJING

图书在版编目（CIP）数据

数字迁徙 / 冯伟编著. —北京：电子工业出版社，2023.1
ISBN 978-7-121-44588-0

Ⅰ. ①数… Ⅱ. ①冯… Ⅲ. ①信息经济学 Ⅳ. ①F062.5

中国版本图书馆 CIP 数据核字（2022）第 221597 号

责任编辑：董亚峰　　　文字编辑：牛嘉斐
印　　刷：天津画中画印刷有限公司
装　　订：天津画中画印刷有限公司
出版发行：电子工业出版社
　　　　　北京市海淀区万寿路 173 信箱　　　邮编：100036
开　　本：787×980　1/16　印张：19.75　字数：228 千字
版　　次：2023 年 1 月第 1 版
印　　次：2023 年 5 月第 3 次印刷
定　　价：89.00 元

凡所购买电子工业出版社图书有缺损问题，请向购买书店调换。若
书店售缺，请与本社发行部联系，联系及邮购电话：（010）88254888，
88258888。

质量投诉请发邮件至 zlts@phei.com.cn，盗版侵权举报请发邮件至
dbqq@phei.com.cn。

本书咨询联系方式：liuxl@phei.com.cn；（010）88254538。

编 委 会

前　言

党的二十大报告明确提出，要"加快发展数字经济，促进数字经济和实体经济深度融合"，"坚持把发展经济的着力点放在实体经济上，推进新型工业化，加快建设制造强国、质量强国、航天强国、交通强国、网络强国、数字中国。"这对今后一个时期加快发展数字经济、推动数字化转型指明了方向，提供了根本遵循。

习近平总书记指出，世界经济数字化转型是大势所趋。纵观世界历史发展长河，人类社会已经走过了农业经济时代、工业经济时代，正在向数字经济时代演进，一场全面的、深刻的、前所未有的数字化变革正席卷而来。在这场变革中，生产制造、交通出行、生活消费、医疗健康、能源环保、金融投资、教育科技、社交娱乐、国际贸易等方方面面都发生了潜移默化的改变，数字化转型正在"一沙一尘土"地构筑人类文明新形态的"一花一世界"——数字文明即将到来。当下，我们正处在迄今为止人类历史上最伟大的一次社会性群体迁徙之际——数字迁徙。前方，数字世界的大门已悄然开启，透过一丝缝隙散发出史无前例的绚丽光芒，让我们伴着"数字迁徙"征程的集结号的号音，行动起来，共同奔向数字文明的"星辰大海"。

序言 1

迎接数字文明

如果要列举当前社会经济生活中的最热词，"数字化转型""数字经济"一定会在其中。工业和信息化部一位老朋友嘱我为冯伟先生新书《数字迁徙》作序，一因该书正是应时之作，二因我近年也一直关注数字经济，有一些粗浅心得，遂欣然允之。

就人类社会发展大势而言，数字化转型已成为必然，数字经济作为继农业经济和工业经济之后的一种新的经济形态，正处于成型展开期。在我国，实施国家大数据战略，建设数字中国，发展数字经济已成为战略选择，一个重要的表征就是《中华人民共和国国民经济和社会发展第十四个五年规划和 2035 年远景目标纲要》以及各省、自治区、直辖市的"十四五"规划均无一例外地将推进数字化转型列为重要内容，国务院还专门印发了《"十四五"数字经济发展规划》。

"数字经济时代已然开启"已是共识，然而，如何认识这个时代却略有差异。它是工业革命的新阶段？还是一种颠覆性的全新形态？

工业革命不到 300 年间给人类社会带来了巨大而深刻的变化。纵观人类历史，几千年的农业社会，社会经济形态基本保持不变，也不存在快速经济增长一说。工业革命迄今只有 250 多年，却创造了极大的物质财富，人类终于摆脱了靠天、靠自然"吃饭"的宿命，经济增长成为常态。就我们已经经历的工业革命，"第一次"和"第二次"均已有定论。当前，新一轮工业革命正在进行中也成为基本共识，不同的是"命名"，分别出现了"第三次"和"第四次"两个提法。提"第三次工业革命"的不多，代表性人物是美国趋势学家杰里米·里夫金，他在《第三次工业革命：新经济模式如何改变世界》一书中指出，经济和社会变革总是来自新能源与新通信方式的结合，历史上数次重大的社会经济革命都是发生在新的通信技术和新的能源系统结合之际。如，19 世纪，煤炭和蒸汽机与印刷品相结合；20 世纪，石油和内燃机与电话及广播电视相结合；21 世纪，则是新能源和互联网的结合（可再生能源的互联网），将为第三次工业革命带来强大的新基础设施。"第四次工业革命"的提法虽然拥护者众多，但却是建立在补提"第三次"基础上的，历史上并未曾有过"第三次工业革命"的共识。我理解，"第四次"的提法源自德国 2013 年在汉诺威工业博览会上推出的工业 4.0（Industry 4.0），他们将过去的工业发展历程划分为工业 1.0（机械化时代）、工业 2.0（电气化时代）、工业 3.0（信息化时代）等不同阶段，认为即将开启工业 4.0（网络化时代）。工业 4.0 是指利用物理信息融合系统（Cyber-Physical System，CPS）将生产中的供应、制造、销售等环节数字化、网络化、智能化，实现敏捷、高效、个性化的产品供应。

从工业革命的视角，当前的数字化转型正处于新的一轮工业革命早期，按照经济学"长波技术论"观点，我们也正处于工业革命以来的第 5 个"康德拉季耶夫波"周期中，即始于 20 世纪 90 年代的"微电子学和计算机网络时代"，这次技术长波将延展至 21 世纪中叶。就这个视角而言，将数字经济作为工业革命的新阶段具有合理性。事实上，当前对数字经济的研究几乎都是用工业经济的概念及术语来诠释和描述数字经济，从信息技术的视角来界定数字经济，用传统生产要素的"属性"来描述数据要素的。

考察数字经济概念的起源，最早出现于 20 世纪 90 年代中期，主要描述互联网对世界各类事务运行模式，特别是商业行为所带来的影响。随着互联网近 30 年的大规模商用和高速发展，已经广泛延伸到人类社会的方方面面并深度应用，引发了一场社会经济"革命"，深刻地改变了人类社会。20 多年的积累和储备，数据资源大规模聚集，其基础性、战略性凸显，数字经济作为一种新经济形态，进入成型展开期。过去 20 多年，互联网革命是以"消费互联网"为表征的上半场，主战场是面向个人提供社交、购物、教育、娱乐等服务。当前，"人机物融合""泛在计算"时代开启，互联网革命进入以"工业互联网"为表征的下半场，重点在于面向各行业的组织重构，促进供给侧的深刻变革。数字经济将涉及对社会经济各行各业的全覆盖，成为"以数据资源为关键要素，以现代信息网络为主要载体，以信息通信技术融合应用、全要素数字化转型为重要推动力，促进公平与效率更加统一的新经济形态"。无疑，以互联网为代表的新一代信息技术带来的这场社会经济革命是颠覆性的，在广度、深度和速度上都是空前的，在很多方面都远远超出了我们在工业社会所形成的常识和认知，也远远超出了我们的预期。就这个意义而言，数字经济将是在农业经济、工业经济之后全新的颠覆性的经济形态。事实上，在当前的数字经济研究和实践中，已经面临诸多无法用工业经济理论解释和指导的问题，如数据作为一种新型生产要素，其特征、价值和意义均未形成共识，构建数据要素市场，让数据作为生产要素参与分配，仍没有明确途径和方案上的共识；数据的资产地位尚未确立、数据确权难题尚待破解、数据共享流通障碍重重、数据安全和隐私保护体系尚不健全等诸多挑战呼唤数据治理体系的构建；数字平台的快速发展形成"一家独大""赢者通吃"的市场格局，带来了"数据虹吸""市场垄断""税收侵蚀"等问题，沿用工业经济时代的反垄断规则对其进行监管遇到困难；数字经济繁荣依赖于全球化的数据流通、共享和交易，现行国际治理规则和体系面临数字化转型带来的巨大挑战；如此等等。

我以为，数字经济存在大量的开放性议题值得深入探索和实践，诸如，数字经济内涵与外延的界定，数字经济的测算方法与统计口径；数据的权属架构及认定、价值评估与利益分配机制；数据流通交易的体制机制，数据要素市场的培育和配置；数据安全和隐私保护、相关的数字立法、数字时代的伦理治理；数字经济发展和数字监管的统筹平衡；数字经济基础设施与生态的构建，包括新型数字基础设施和传统基础设施的数字化；数字经济发展核心关键技术的研发创新；数字经济对经济、管理、金融、社会治理等传统学科的影响，以及传统学科对数字经济研究实践的支撑；等等。显然，数字经济是一个涉及多学科、多领域、多层级的复杂系统。如果我们认可数字化转型是对传统行业的颠覆，是新一代信息技术带来的一场社会经济"革命"，那么，用工业时代的思维去推进和研究数字经济或许并不完全妥当。现行的市场监管法律法规能否直接用于数字经济？用工业时代的框架和术语解释数字经济，仅仅在传统名词、术语前冠以"数字"或"数据"，能否能真实地体现数字经济的实质、刻画数字经济全貌？我们有必要"解放思想"和"转换观念"，跨出既有模式，通过基本观念和实践方法的根本改变，尝试构建全新的数字经济理论体系。考察过去传统行业的信息化历程，基本上是沿袭既有业务流程和框架，将信息技术作为提质增效的工具，信息技术扮演的是"助手"的角色。就这个定位而言，我并不认为工业 3.0（信息化）带来的是一场"革命"，这也是我支持"第三次工业革命"提法的主要原因。我们需要认识到，在新一波的信息化浪潮中，信息技术将扮演"主导"角色，"引领"社会经济的转型发展，这是信息化的一次"范型变迁"！

从人类历史全局视角和全球大格局层面进行大跨度的审视，我们可以看到，数字经济这一新经济形态对人类社会结构甚至人类文明都将可能带来长远和深刻的影响，也许，我们已经站在了数字文明的门口。

《数字迁徙》一书立意很好，从人类文明发展的视角，接续人类历史上已经发生过的 5 次人口迁徙，以"迁徙"来定位和描述这一轮社会经济大变革，将数字化转型视为人类历史上第 6 次"迁徙"——迈向数字文明的一次迁徙，有高度，也颇有新意。书中不乏独到观点，并辅以不少好的案例，文笔流畅，通俗易懂。

《数字迁徙》把"数据力"作为这个时代的新生产力，这是对数字经济时代发展较为深刻的认识。著名经济学家约瑟夫·熊彼特认为，所谓创新就是要"建立一种新的生产函数"，就是要把一种从来没有的关于生产要素和生产条件的"新组合"引进生产体系中，包括：引进新技术、引进新产品、开辟新市场、控制原材料或半成品新的供应来源等。在数字经济时代，数据作为一种新的生产要素（参数），构建了新的"生产函数"，也就催生了这个时代的新生产力。

《数字迁徙》的作者想要告诉我们时代脉搏在如何跳动？谁是数字革命的推手？大国正如何抉择、企业正如何探索？数字化转型是什么、转什么、通向何方？数字迁徙之后的数字空间是什么景象？这些都会带领我们进行更深层次和更有价值的思考。

这是一个充满了不确定性的新时代，我们更需要把握趋势、转换观念、创新实践、锐意进取，像本书作者一样，直面数字化转型带来的新机遇和新挑战，做一个时代变革的思考者、实践者和推动者。

仅以此代序。

梅宏
壬寅年季秋于北京

序言 2

数字创新　驱动未来

从人类社会发展历史来看，技术创新和技术进步是推动经济社会跨越式发展的先导力量。过去十几年来，互联网技术催生的信息化带动了经济社会的飞速发展，而未来，以大数据、人工智能、区块链、云计算技术为代表的新一代信息技术将成为引领创新和驱动转型的关键力量。当前，全球正处在新一轮科技革命和产业变革的叠加期，从信息化走向数字化、网络化、智能化是世界经济形态演进的大趋势，全球经济版图也必将加速重构。

大变局下将目光转向中国，如果说改革开放 40 多年以来，中国经济的高速增长主要依靠观念突破、资源优势和模式创新；那么未来，中国经济实现高质量发展则主要依靠路径突破和创新驱动，特别是要依靠基础性、原创性和引领性的创新驱动。党的二十大报告也提出，要着力提高全要素生产率。而这背后最重要的抓手就是数字经济，数字技术与传统产业的深度融合创新将对经济增长动能、产业发展模式等全方位进行赋能，进而推动中国经济的转型升级。

作为从事高科技制造业的"老兵"，近年来我也深刻感受到数字化洪流所带来的企业变革。首先，数字化能够转型升级传统产业，大幅提高生产效率。国际数据分析机构预测，到2035年，人工智能可以拉动中国经济年均增长率上升1.6%，并将劳动生产效率提升27%。其次是转变经济发展方式。数字经济更多的是靠技术驱动，它减少了对土地、环境等传统资源的过度依赖，实现经济发展的绿色、高效和可持续。三是形成了拉动经济增长的新动能，在大数据、物联网、人工智能和5G技术的支持下，数字技术加快与汽车、交通、家电、金融、医疗、教育、安防等各产业领域的深度融合，衍生出更多智能新产业、新产品。

TCL作为中国高科技制造企业，历来高度重视数字技术与工业技术的融合创新。早在2015年，TCL就将智能制造明确为企业转型升级的主攻方向。近年来，我们越来越深刻地感受到数字技术为企业发展带来的创新价值。应用数字技术也成了TCL实现高质量发展的关键动力。

正因为如此，我向大家推荐这本《数字迁徙》。这本书不仅向我们阐释了数字化转型的过去、现在和未来，展示了世界各国在数字化领域的战略取舍和发展成果。更为关键的是，它更是一本方法论和工具书，总结了多年来的实践经验，提炼出我国制造业数字化转型的底层逻辑。当我们进入到数字经济新时代，各种新概念、新玩法、新技术扑面而来时，我们更需要一张地图，为我们拨开迷雾，看清前路。

正如书中所述，我们踏上了一场人类历史上最为丰富精彩的一次迁徙之行——数字迁徙，很高兴与大家同处于这样一个时代，一同经历数字技术为人类社会带来的精彩，在这本书中，我想你能找到、看到不一样的世界。

是为序。

李东生

TCL 创始人、董事长

自 序

　　历史学家考古研究发现，人类文明发展史上曾发生过五次重大的人口迁徙：从人类出现开始到公元前4万年，早期人类为了生存和获取食物，便逐水源和森林流动，迁徙至那些宜于人类生存和栖息的地方。距今约3.5万年到4万年，地球气候骤然变冷，冰川活动异常猛烈，海平面下降，致使浅海部分的大陆架"破水而出"，形成了连接陆地或岛屿的一座座"天然桥梁"，这些天然桥梁为人类的长途迁徙流动创造了条件，人类开始了第二次大迁徙。15世纪末，哥伦布发现新大陆，从而掀起了向"新大陆"移民的热潮，世界人口开始第三次迁徙，这次迁徙与资本的原始积累密切相关，欧洲一些帝王和贵族怀着寻找金银财宝、经商、掠夺财富及开拓疆域的野心，派遣一批又一批冒险者登上这些新发现的陌生土地。18世纪中叶欧洲爆发工业革命，到19世纪下半叶至20世纪初，工业的发展激发了人口的大规模流动，劳动力需求扩张导致大量人口开始涌入工业城市，人口进行了第四次大规模迁徙。第二次世界大战之后全球经济开始恢复发展，一系列新的技术、产业、理论不断涌现，促使一批技术人才、管理大师、专家学者开始跨国流动，并定居世界各地，这导致了第五次人口迁徙的发生。

如果我们把第一次人口迁徙看成人类从出现到逐步存活下来的"生存迁徙"，那么第二次迁徙可以看作从存活到生活的"大陆架迁徙"，人类逐渐开始学会驯养家禽和种植农作物，从采集狩猎时代逐步进入到农耕经济时代。随着火药、指南针、印刷术等先进技术及数学、物理等自然科学逐步传遍世界，航海、造船等技术快速发展，第三次迁移可以看作人类从大陆走向海洋的"大航海迁徙"。伴随海外掠夺带来的原始资本积累，欧洲率先爆发工业革命，第四次迁徙被可以看作人类从农业经济迈向工业经济时代的"劳工迁徙"。工业革命的爆发推倒了技术快速发展的"多米诺骨牌"，带来了一系列新技术、新产业，第五次迁徙可以看作知识跨国流动的"智力迁徙"。

从本质上看，前三次迁徙是人类伴随物理空间扩散而带来的物理迁徙，第四次、第五次迁徙是伴随产业结构调整而带来的人口结构性调整。时至今日，新冠肺炎疫情等一系列"黑天鹅"事件以前所未有的速度和强度席卷而来，人们的教育、医疗、社交、生产、出行等方方面面都发生了翻天覆地的变化，人类正经历着第六次迁徙前的黎明，即将开始从物理世界向数字世界迁移的"数字迁徙"。与前五次迁徙不同，第六次迁徙带来的是突破物理地缘边界和产业结构界限的纵深变革。

本书将带领读者朋友回顾在本次"数字迁徙"到来之前，历史上都发生了哪些具有时代意义、值得借鉴的变革，看清时代变迁的"基本盘"，找到这次"数字迁徙"之旅中怀揣着的必需品，我们认为是：

创新引领、包容兼蓄、需求制造、技术突变。以古鉴今，我们将以历史和行业发展的高视角找到这次"数字迁徙"的重要"驱动力"——数据力，找出引发这场迁徙的"启动按钮"。我们将带领读者朋友在这场"数字迁徙"的过程中一探世界各主要国家"数字竞备"的得与失，企业"数字生存"的成与败。结合我国改革开放 40 多年来的实践经验，总结我国制造业数字化转型的底层逻辑，形成几点供大家思考的数字化认识，描绘未来迁徙后的"数字世界"蓝图——元宇宙，以博读者一粲。

冯 伟

2022 年 12 月

于北京

推荐语

冯伟博士是一位长期从事两化融合、工业互联网、信息物理系统、制造业数字化转型理论研究与实践的专家，具有深厚的理论基础和丰富的实践经验。《数字迁徙》一书，生动、有趣，又富有深度和内涵，是第一本以人类迁徙视角审视数字化转型的著作，作者以深度观察者的角度，探究了当下数字化转型的发展逻辑，科学性、通俗性、指导性强，值得学界、业界、政界的朋友们品读。

——孙优贤（中国工程院院士）

本书通过"六次迁徙"串起了人类文明发展的时代变迁，并从技术起源、大国决策、中国实践、未来空间等角度生动地为我们描绘出一幅数字迁徙的宏伟蓝图。人类文明正是在这种孜孜不倦的探索中不断前行的，更多的行业领导者、推动者、探路者将一起拥抱这场变革，共同开启数字迁徙的时代大幕。

——周云杰（海尔集团董事局主席 首席执行官）

人类社会的发展史是一场接一场的迁徙之旅。在《数字迁徙》一书中，作者基于翔实的文献资料梳理与分析，通过严谨系统的逻辑演绎与思考，纵览古今、环视中外，描绘出从远古时期"生存迁徙"到当下"数字迁徙"波澜壮阔的演进历程，深度展望在未来全球数字竞备中，中国制造业将面临的发展趋势与机遇。

徐工作为大国重器的制造者、智造强国战略的践行者，践行数字化战略，攻破关键核心技术，以汉云工业互联网平台为抓手，聚焦质量、效率、竞争力，持续推动全产业链全价值链数字化转型。风鹏正举，百舸争流，《数字迁徙》将助力在数字大陆跋涉的迁徙者找到更多的坐标系和同路人。

——王 民（徐工集团原董事长）

冯伟博士一直以来身处两化融合、数字化转型、工业互联网发展第一线，对产业界、学术界了解深入，见解独特。《数字迁徙》一书案例丰富、内涵深刻，我细细读来，里面内容既生动又有趣。这本书从历史的长河中总结提炼了六次人类的迁徙，并把本次迁徙定义为"数字迁徙"，这是非常有深度和高度的判断。对于数字经济时代，数据是被视为同石油一样的战略资源，软件则是驱动新经济的引擎。特别是在工业领域，工业软件是现代制造系统的核心装备、高端智能产品的关键部件、我国制造业安全发展的根本保障。这本书还探讨了工业软件发展的重要性，希望工业企业、软件企业、高校和科研院所能够形成发展合力，各取所需、各取所长、各尽其能，携手做大做强自主工业软件产业。

——王建民（清华大学软件学院院长）

《数字迁徙》探索以更宏观的视角看数字化的底层逻辑，可以看到从政府抉择到产业发展的脉络，从龙头企业到中小企业的做法路径。这是一次创新尝试，将工业历史的里程碑事件与历史规律相结合，将数字技术与人类命运相结合，从"数字"这一原点出发，展示人类未来的星辰大海。

——姜奇平（中国社会科学院信息化研究中心主任）

冯伟是我国数字化转型的参与者和实践者，为中国数字产业化发展作出了重要贡献。《数字迁徙》为我们层层铺开了元宇宙中人类突破物理地缘边界和产业结构界限的变革画卷，从物理空间向数字空间的"数字迁徙"历程和未来蓝图跃然纸上。

随着新一代信息技术带来的巨大变革，全球轨道交通行业的发展面临数字化转型升级的挑战，行业对创新、绿色、安全、智能、舒适、便捷的高品质需求，呼唤智慧列车、智慧工厂、智慧运营、智慧服务等新思维新范式；需要制造企业进行全局优化、生态重构，运用"数据力"提高"生产力"，为社会创造更大价值。

《数字迁徙》新著铺陈大量的理论逻辑和实践案例，如关于"制造业数字化转型是什么、转什么、转到哪"的探讨、独创的企业数字化转型通用能力"海星"象限模型、元宇宙数字空间的解读等，为轨道交通行业的转型探索提供了宝贵经验，为制造型企业家在数字迁徙中，勇于拥抱数字革命、实际突破和创新提供了有益借鉴。本书对于学界、业界、政界多有裨益，使我们对于我国通过数字迁徙，迈向元宇宙，打造交通强国、制造强国、数字中国充满信心。

——马利军（中车青岛四方机车车辆股份有限公司总经理）

强烈推荐《数字迁徙》这本书，这本书从工业历史重大里程碑事件发展演进维度诠释了数字迁移驱动力，助推中国汽车工业走向世界先进行列。

——常 瑞（北汽福田集团党委书记、董事长）

《数字迁徙》一书站在数字化发展前沿，通过大量生动的历史事件和鲜活案例展现了数字化的时代变迁，阐述了人类即将开始从物理空间向数字空间迁移的"数字迁徙"，揭示了数字化转型是什么、转什么、转到哪，使我们既能以旁观者的视角，更能以局中人的感受，身临其境地体验了一次数字化思想之旅。

《数字迁徙》一书，作者从浩浩荡荡的历史长河视角，回顾了人类文明发展史上的历次人口迁徙与不同时期的巨变，以技术革命视角推动人类科技文明发展的历史年轮。以人类迈入第六次迁徙——"数字迁徙"（从物理世界走向奇妙的数字世界），突破虚拟与现实、时间与空间的限制，走向人类理想的伊甸园，从而照亮人类文明进化跃迁的曲折道路。本书以简洁、本趣的语言阐述了数字化技术发展给人类带来的影响，从农业经济到工业经济，再到当前的数字经济演进史，作者以其深厚的人文与科技底蕴帮助读者洞察时代变迁的"基本盘"，阐述新时代的生产力——数据力，总结了我国制造业数字化转型的底层逻辑，描绘未来迁徙后的"数字世界"蓝图——元宇宙，给我留下了深刻的启发。

当前，钢铁行业正在乘工业互联网之风，踏数字化转型之浪，新一代数字技术解决了钢铁数字化转型对其长流程、复杂工艺、多工序协同的制造特征带来的诸多挑战，从不确定走向确定。随着物联网、大数据、AI、AR等新一代数字技术的发展，钢铁行业逐步打破传统信息化架构，运用端、边、云敏捷架构构建钢铁工业数字孪生，打造钢铁工业元宇宙。通过对全价值链数据的感知与融汇，利用"平台＋数据＋模型"实现了生产运营全流程的状态感知、实时分析、科学决策、精准执行的闭环赋能体系，实现钢铁世界与数字化世界的交互融合，逐步释放出数据要素作用。时代所催生的智能化技术装备、协同化创新体系、柔性化生产方式、集约化资源利用、精准化管理模式正在重构钢铁智造新模式，通过充分释放数据力这一新兴生产力的价值，钢铁工业正在重塑，并坚定地向"钢铁工业宇宙"迈进，为人类工业文明演进奠定坚实的基础。

无论信息技术如何演进，我们要解决的问题没有变，解决问题的逻辑没有变，数字化转型是手段与工具，也是思维与文化，其本质是利用新一代数字技术，实现企业生产模式、业务模式与商业模式变革，提升企业的全栈竞争力。

本书点亮了人类仰望进化星空的一缕光，向我们呈现了丰富精彩的数字化思维与认知盛宴，对产业界、学术界从事数字化转型探索和研究的人士多有裨益。

——黄一新（南京钢铁股份有限公司董事长）

数字化是全球企业和组织正在推进的最重要的进步工程，也是人类社会的一次文明大迁徙。大部分人都在参与其中。在此热潮下，确实需要对数字化本身有更加深入和理性的认知。

冯伟博士从历史和全球的视角，给我们分享了对全球数字化转型的历史演进、国家间实践与模式的洞见，并在此基础上，提出对数字化转型的多项重要思想，很多观点深入又明了，引发共鸣。

有别于信息化时代企业获得的价值主要是支撑业务、提高效率，数字化带给企业的价值是商业创新，包括产品与业务创新和组织与管理变革。纵观信息技术在中国企业应用的历程，在经历计算机化时代落后于发达国家，信息化时代追赶发达国家的基础上，数字化时代将有机会走在全球前列。祝愿所有中国企业都能够把握好这次创新引领的"数字迁徙"。

——王文京（用友网络科技股份有限公司董事长兼CEO）

面对《数字迁徙》一书的书稿，思绪万千；我仿佛看到了几百年来的一个个仁人志士，为了中华民族的腾飞流血牺牲，不惜付出生命的代价，而作出的不懈努力；在百年未有之大变局下，如何站在全球视角，全面解读中国的数字化转型，是一件非常困难的事情。看了书稿，非常震撼、极其感动。正如本书第一章引用的英国前首相丘吉尔所说：你能看到多远的过去，就能看到多远的未来。从几千年漫长的人类文明史可以看到：从来没有什么力量能够阻挡人流、物流、金流、信息流的全球性流动。当然，时至今日的信息流就是数据流，也叫数字迁徙。人们即将开始的从物理空间向数字空间迁移的"数字迁徙"，使得我们人类的衣、食、住、行等方方面面都正在或即将发生翻天覆地的变化。因此，当今的数字化转型不是我们任何一个复杂组织体，包括国家、政府、军队、大学、企业、各类社会组织的选择题，而是必修课。本书立意高远、气势宏大；从人类命运共同体的思路出发，分析了当今各国的数字化进程，提出了"数字迁徙"的重要"驱动力"——数据力，深度结合工业和信息化部成立以来的两化融合、智能制造、工业互联网、数字化转型知识和经验，总结了我国制造业数字化转型的底层逻辑，描绘出了未来第六次迁徙——"数字迁徙"后形成的"数字空间"蓝图；是一本不可多得的好书，强烈推荐各级政府部门、现代管理研究与咨询、大学、工业制造业企业、软件公司，以及相关行业的人士阅读，必有斩获。

——宁振波（中国航空工业集团公司信息技术中心

原首席顾问、中国船舶独立董事）

数字化转型不仅仅是一种技术手段，更是涉及企业业务、技术、管理、文化"四位一体"的一场系统性变革与创新。通过数字化变革，企业能够加快实现"两提、两降、两增、两转"，即提高效率、提升品质，降低成本、降低污染，增加效益、增大流量，转型升级、转变模式，成为新形势下企业生存发展的重要选择。烟草行业是国民经济的重要组成部分，是工业和信息化系统的重要领域，多年来，烟草行业一直把信息化作为行业整体战略的一部分，大力推进烟草行业两化深度融合，全面建设一体化数字烟草。加快烟草行业数字化发展，能够更好地顺应现代化发展潮流，赢得市场主动，为现代化烟草经济体系建设提供有力支撑。

《数字迁徙》一书深入探讨了数字化变革下，人类从物理世界迁徙到数字世界的变革道路，是业界鲜有的视野宏大、体系完整、内容丰富的著作。作者团队基于多年来"两化融合"的政策研究、亲历实践、走访调研，从历史长河中寻找转型的"底层逻辑"，阐述了数字革命的"前世今生"，对各行业各业的数字化变革提供了非常有益的帮助，在当下"山重水复疑无路"的发展路径中，找寻到"柳暗花明又一村"的数字新世界。

——胡新华（国家烟草专卖局烟草经济信息中心原主任）

作为我国制造业的重要组成和国民经济的母亲工业，纺织行业业已全面迈入数字化的迁徙进程。从服装的规模化生产到个性化定制生产，从手工人体测量到数字化量体与虚拟试衣，从单一企业为主的生产方式到全产业链的协同快反，从纺织产品的实体展会到应用元宇宙新媒介的数字化展示，正是在数据这一核心要素的驱动下，技术、模式得到不断创新，推动着行业保持国际竞争优势并向更高质量发展。

当前，我国数字化进程正在加快并逐步深化，如何做好数字化转型这一"必选题"？如何投身到正在到来的数字迁徙之旅？相信读过《数字迁徙》一书后定会得到新的启发和收获。

——翟燕驹（中国纺织工业联合会信息化部纺织行业数字化首席专家）

《数字迁徙》一书以宏大的叙事方式和广阔的视野描述了数字化转型的时代背景，剖析了具有时代意义、值得借鉴的人类重要变革和事件。从概念迷雾中，正本清源、以古鉴今，厘清数字时代的"基本盘"，提出从物理空间向数字空间迁徙之旅上的"必需品"，并以旁观者的视角找到这次"数字迁徙"的重要驱动力。

新一代通信技术与先进制造业深度融合，正在引发世界石化产业格局的重大变化与调整。我国石化产业正积极推动数字化转型，加速一体化整合、高效化管理、市场化运作、开放式创新，发展智能制造、绿色制造、服务型制造等新模式、新业态，推动产业提质增效、转型升级，实现高质量发展。在实施创新驱动战略和"双碳"战略的政策背景下，石化行业将加快"数实融合"，加速推进智能制造示范工厂建设，打造行业特色的工业互联网平台。

通读全书，在浅显易懂的逻辑中，如同一次数字化思想探索之旅，为读者展现了迈向数字文明的星辰大海，引人入胜、带给读者更多对实体经济数字化转型的期待。

——索寒生（石化盈科信息技术有限公司副总裁）

当新的生产力成为生产结构一部分的时候，人类社会就会发生一次跃变，从最早的畜力，到蒸汽、电气、电子……数字作为一个新的生产力出现的时候，世界吹响了第四次浪潮。数字化、信息化、网络化到现在方兴未艾的智能化；从消费端走向了制造端，从社会生活走向了工业体系……可以说，数字迁徙到哪里，哪里就发生翻天覆地的变化。这种变化，让我们兴奋，也让我们迷茫。就像我们知道要驶向一个新的大陆，而手里只有一张旧地图。《数字迁徙》就像一个数字化发展的时间简史，讲述着数字这个新的生产力是如何一步步从诞生走到现在，使得数字的发展对于所有人不再陌生；同时，《数字迁徙》的作者又用多年来制定、引导与参与国家和各个行业工业化和信息化两化融合中积淀的丰富经验和阅历，在尝试绘制一张新地图，帮助我们这些向新大陆探索的实践者减少试错的成本。智能制造与工业互联网是支持我国供给侧结构改革和高质量发展重要的手段之一，其本质就是数字能力在更深层次的迁移。所以，《数字迁徙》是一本对于初次进入这个领域的人员开卷有益，对于多年从事这个领域的人员豁然开朗的不可多得的好书！

——邱伯华（震兑工业智能科技有限公司董事长）

目 录
Contents

第二章
革命的数字"新生"

第三章
大国的数字竞备

第四章
企业的数字探索

第五章
转型的数字逻辑

第六章

渐明的数字共识

第七章

迁徙的数字世界

任何非常先进的技术，初看都与魔法无异。

———克拉克第三定律

第一章

这是一个怎样的时代

你能看到多远的过去，就能看到多远的未来。

——温斯顿·丘吉尔

我们正处于一个怎样的时代？神舟飞天、嫦娥揽月，祝融探火、羲和逐日，高铁出海、载人深潜，量子通信、北斗导航，移动支付、5G 覆盖，直播带货、外卖送菜、无人驾驶、单车覆盖……这是一个信息、技术、思想无时无刻不在爆炸式增长的时代。在人类历史 300 万年间，采集狩猎时代绵延 20 余万年，农业经济时代持续上千年，工业经济时代至今仅用了不到 300 年，时代发展的步伐在不断加快。时至今日，我们正在进入数字经济时代，踏上了一场人类历史上最为丰富精彩的迁徙之行——数字迁徙。准备好一起前行了吗？先不着急，在开始这场数字化之旅前，我们先收拾一下行囊，回望百年来不同时期的历史巨变，或许能找到这场旅行中的"必需品"。

1.1 从四大发明到"Star Farming"

人类"天花板"上的中国古代创新

四大发明——火药、指南针、印刷术、造纸术,是中国古代人民创新的智慧成果和技术结晶(图 1-1),是农业经济时代中国先进科技发展的典型象征,也是推动农业社会向工业社会转变的重要动力。四大发明仅仅是中国古代先贤们创新发展的缩影,纵观中国古代发展史,中国是一个永远不缺少创新者的国家,中国古代先贤的创造力也引领着大国的强盛。

图 1-1 古代四大发明

图文来自网络:https://www.zcool.com.cn/work/ZMzMxNjgwMTY=.html。

正如英国著名的中国科技史学家约瑟所言:在科学技术方面,古代中国人走在创造出"希腊奇迹"的传奇式人物前面，与拥有古代西方世界全部文化财富的阿拉伯人并驾齐驱，并在公元 3 世纪到 13 世纪之间保持着西方所不可企及的科学知识水平，中国的科学发现和技术发明曾经远远超过同时代的欧洲。一些改变世界的中国古代科技创新如表 1-1 所示。这一点从中国古代科技创新对世界的影响得以窥见。

表 1-1 一些改变世界的中国古代科技创新

现代之最	创新产物	时间	发明者	说明
最早的二进制	八卦	公元前 3000 年	伏羲	比西方早 4500 年
最早的炼铁技术	铸铁术	公元前 4 世纪	—	比西方早 2000 年
最早的指南针	司南	公元前 4 世纪	—	比西方早 1100 年
最早的纸张	蔡侯纸	公元前 105 年	蔡伦	12 世纪传入西方
最早的炼钢术	百炼法	公元前 120 年	—	比西方早 2000 年
最早的活字印刷术	活字印刷术	公元 1041 年	毕昇	比西方早 400 年
最早的游标卡尺	新莽铜卡尺	公元 9 年	王莽	比西方早 1700 年
最早的纺织	纺车	公元 121 年	—	比西方早 1100 年
最早的地震预测	地动仪	公元 132 年	张衡	比西方早 1500 年
最早计算出圆周率	圆周率	公元 5 世纪	祖冲之	比西方早 1000 年
最早的纸币	交子	公元 8 世纪	—	比西方早 800 年
最早的火药	火药	公元 850 年	—	比西方早 300 年
最早的免疫	种痘免疫法	公元 10 世纪	—	比西方早 200 年
最早的石油开采	石油井	公元 13 世纪	—	比西方早 500 年
……	……	……	……	……

数据来源：文献整理。

中国的四大发明在欧洲近代文明产生之前陆续传入西方，对西方科技发展产生了巨大的影响。火药和火器的采用摧毁了欧洲中世纪天主教的思想枷锁，动摇了欧洲的封建统治，使骑士阶层逐渐衰落，推动了社会发展，是欧洲文艺复兴、宗教改革的重要条件之一。指南针传到欧洲航海家的手里，人类第一次获得在茫茫大海上航行的自由，整个欧洲也逐渐兴起了一股"大众航海、万众远洋"的风潮，使他们有可能发现美洲大陆和实现环球航行，为西方进行世界贸易和发展工场手工业奠定了基础。造纸术和印刷术的普及应用在物质与文化方面为文艺复兴运动顺利开展奠定了基础，继而推动了资产阶级革命和资本主义的发展，直至影响了世界的发展进程。随着纸张的广泛使用，长久以来的"神"与"人"之间的主仆关系逐渐被打破，笼罩几千年农业时代的"神"的形象，逐渐被一片片纸张所瓦解，新的思想随着纸张的广泛使用而传播开来。

　　著名技术史家华觉明[①]先生在《中国三十大发明》（图1-2）一书中分析道，通过对中国历史上重大发明的梳理，可以发现中国人的创造力在不同历史时期存在明显的起伏。大体上说，新石器时代中晚期平均1000年有一项大发明，夏商周三代约450年有一项大发明，两汉时期为巅峰期，约45年就有一项大发明。魏晋南北朝时期坠入低谷，约370年间只有一项大发明。隋唐五代时期约75年有一项大发明。宋元时期是中国古代科学技术发展的高峰期，约65年出现一项大发明。明代是中国古代科技文化的衰落时期，约140年才有一项大发明。

---

① 华觉明，江苏无锡人氏，1933年4月12日生。国家文物局文物科技专家组成员、清华大学、中国科技大学、北京航空航天大学、同济大学兼任教授。

无独有偶，从中国古代经济发展来看，两汉和宋元年间，中国古代经济时期经体量达到登峰造极的程度，特别是在北宋年间，GDP占全球比重一度达到80%，是中国历史上最富有的朝代，汴京、临安、长安、洛阳、南京都是人口超百万的大城市，而同时期的伦敦只有4万人，巴黎只有6万人。从这当中我们不难看出，历史上但凡处在创新创造活跃的时期的国家，其综合实力越发强大，在世界经济发展大环境中，具有较强的话语权。创新是引领发展的第一动力。

图1-2 《中国三十大发明》

"新四大发明"与中国速度

百年后的今天，2017年在第一届"一带一路"国际合作高峰论坛举行期间，一项针对在中国生活的20国青年的调查结果显示，高铁、网购、移动支付、共享单车，成为这些在华外国人心目中的中国"新四大发明"（图1-3）！

图 1-3　中国新四大发明

图文来自网络: https://www.zcool.com.cn/work/ZMzMxNjgwMTY=.html。

"新四大发明"不仅改变着中国,而且深刻影响着地球村时尚,吸引着五大洲目光。古老中国创造的指南针、造纸、火药、印刷术四大发明曾经改写世界历史。如今的"新四大发明"正改变着中国人的生活,也为解决人类问题贡献了中国智慧、提供了中国方案。

(1)流通速度。高铁(高速铁路)位居"中国新四大发明"之首。高铁大幅度提高了人们的出行速度,缩短了人们出行所需要的时间,改变了世界人民的生活。目前,中国高铁网络是世界上速度最快的铁路系统,中国也是世界高铁商业运营速度最快的国家。中国现在已经建成了世界上最大的"四纵四横"高铁网络,而"八纵八横"高铁网络正在加密成型。全国高速铁路网总运营里程超过3.8万千米,占世界高铁总里程的2/3以上,"世界最长"当之无愧。时速350千米的"复兴号"列车在神州大地上飞驰,时速600千米的高速磁悬列车成功下线，"世界最快"名副其实。2021年国家《"十四五"铁路标准化发展规划》正式发布，提出到2025年多层次铁路网络加快形成，路网覆盖范围进一步扩大，"八纵八横"高速铁路主通道基本建成，铁路运营里程达到16.5万千米。今天，高铁已经成为我们向世界展示中国实力的一张靓丽名片。

➡ **茶余饭后**

历史不会重演，但总是惊人的相似

1829年，世界上第一条铁路在英国诞生，蒸汽机火车载重四十吨货物在铁轨上缓慢行驶了35千米，拉开了"铁路时代"序幕，此后铁路迅速在欧美国家及英属殖民地大范围铺设，极大地推动了工业革命进程，成为现代化国家的必经之路。而那一年的中国在清朝道光皇帝的统治下，国门被破、鸦片泛滥、列强横行、民不聊生。1865年英国人杜兰德在北京永宁门外修建了一条"长可里许"的铁路，这引起了北京人的集体恐慌，"骇为妖物，举国若狂，几致大变"。英国人杜兰德在北京永宁门外修建的"长可里许"的铁路（图1-4）。

图1-4 英国人杜兰德在北京永宁门外修建的"长可里许"的铁路

1885年，紫禁城内，中堂大臣李鸿章对慈禧说道："老佛爷，洋人要来给我们修铁路了。"以英国怡和洋行为首的英国资本集团擅自修建了吴淞铁路，这是中国历史上第一条营运铁路。但这两条铁路的最终命运都是被拆毁——中国保守派的官绅用尽各种理由和手段阻止铁路进入中国。2015年10月21日，中英两国正式签署了能源、旅游、医疗卫生等一系列协议。时任英国首相卡梅伦在唐宁街10号与习近平主席会谈，协议总金额约400亿英镑（约合4000亿元人民币）。在此之前，中英已经签署了价值约140亿英镑（约合1483亿元人民币）的协议。协议中最引人关注的就是中国帮忙建高铁。2015年恰逢甲午年。

（2）**交易速度**。中国银联数据统计，2021年一线城市受访人群月消费总额中，移动支付的占比大约是8成，月均消费金额超过5300元，每人移动支付的日均频次为3笔。疫情因素进一步激发了移动支付的新模式、新场景，使更多线下支付场景向线上转移、延伸。移动支付不仅方便国人，在海外也"圈粉"无数，全球很多国家和地区正在体验中国移动支付，享受中国的支付速度，中国已经从移动支付的跟随者变为引领者。目前，移动支付应用场景越来越多，部分银行手机银行业务、非银行支付机构钱包产品中嵌入与百姓日常生活息息相关的服务，如话费流量充值、火车票预订、机票预订、酒店预订、景点门票预订、医疗预约、签证办理、游戏点卡充值、油卡代充、违章罚款缴纳等功能，移动支付生态圈正逐步形成。

（3）**共享速度**。现如今，共享经济在我们的生活中随处可见，共享单车、共享雨伞、共享自习室、共享充电宝、共享办公、共享医疗等种类丰富的共享模式给我们带来了诸多便利。随着5G、云计算、人工智能等前沿科技的颠覆性创新和数字化社会的发展，共享经济不再停留于"衣食住行"，而是瞄准产业链、供应链中分散的、闲置的社会资源,进化出共享员工、共享机床、共享仓库等新业态、新模式,越来越多的细分市场中出现了共享经济。国家信息中心发布的《中国共享经济发展报告(2022)》显示,2021年我国共享经济继续呈现出巨大的发展韧性和潜力,全年共享经济市场交易规模约36881亿元,同比增长约9.2%;直接融资规模约2137亿元,同比增长约80.3%,其中,办公空间、生产能力和知识技能领域共享经济发展较快,交易规模同比分别增长26.2%、14%和13.2%。

(4)网购速度。2021年11月12日零点,一年一度的天猫"双11"落下帷幕,总交易额定格在5403亿元,相比2020年的4982亿元增加了421亿元。开售第一小时,就有超过2600个品牌的成交额超过去年首日全天。与其同步提速的当属物流配送,国家邮政局发布的《2021年中国快递发展指数报告》显示,2021年全国快递业务量完成1083亿件,首次突破千亿件,同比增长29.9%;业务增量再创历史新高,达249.4亿件。行业延续快速发展态势,发展动力依然强劲。日均快件处理量近3亿件,最高日处理量达6.96亿件,快件处理效率和峰值处理能力稳步提高。2021年,全国快递业务收入完成10332.3亿元,首次突破万亿元,同比增长17.5%。快递行业市场规模扩大的同时,竞争仍然激烈。

镜头下的"新农民"

受新冠肺炎疫情的冲击,传统接触式线下消费受到极大冲击,直播带货、在线教育、远程办公、互联网医疗等创新型消费蓬勃发展并呈现快速增长态势，消费群体年轻化、消费方式在线化、消费模式互动化特征明显，消费结构正在由商品消费向服务消费升级转变。疫情期间，有 4000 亿元商品被"搬进"了直播间，线上消费提速发展，服务消费比重已超越商品消费，消费人口加速分化，80 后、90 后拥有了消费 90% 的话语权。企业正在经历"消费者主权崛起"的新时代。

直播带货让远在大山深处的寻常百姓，成了线上的"流量女神"，从"面朝黄土背朝天"的农夫，成了"眼观六路耳听八方"的新农民，从此，手机成了"新农具"，流量就是"新农资"，直播也是"新农活"（图 1-5）。2021 年全国网上零售额达 13.1 万亿元，比 2012 年增长 9 倍，农村电商异军突起，农产品网络零售额达 4221 亿元。直播农业不仅为农业农村树立了新品牌，同时在信息交流、渠道拓展、资源整合等方面都有惠农作用。通过真实还原农产品生产加工的流程和环境，结合直播形式，政府信誉背书，既缩短产销时间，又加大了品牌和渠道影响力。随着移动互联网、电商平台、支付、5G 等条件逐

图 1-5　镜头下的明星农业

步完善，农业将迎来产业转型升级的重大机遇期。

从造纸术、指南针、火药、印刷术"四大发明"，到高铁、移动支付、共享单车、网购"新四大发明"，中国一直以创新者的姿态向世界展示大国的魅力。从"下地播种"的农业经济到"上网直播"的数字经济，一批新农民、新农具、新农活等明星农业（Star Farming）正悄然兴起。这是创新的魅力、创新的活力、创新的动力。有人会问，为什么中国永远不缺少创新？我想答案就在于我们有一群可爱的人民、富有创造力的人民、永远不服输的人民，正所谓"高手在民间"。

1.2 从《红旗法案》到无人驾驶

啼笑皆非的《红旗法案》

19 世纪 60 年代，蒸汽机开始被用于交通运输业，人们对这种动力强劲的机器又爱又怕。1865 年，为了防止安装蒸汽引擎的机动车危及公共安全，英国议会通过《机动车法案》（图 1–6）。其中规定，每一辆在道路上行驶的机动车，必须有三个人同时在场，一个人添煤，一人驾驶，一人必须在车前面 50 米以外做引导，还要不断摇动红旗为机动车开道，机动车的速度不得超过 4 英里 / 小时（约 6.4 千米 / 小时），当通过城镇和村庄时，则不得超过 2 英里 / 小时（约 3.2 千米 / 小时），让机车的速度变得和马车一样。这一法案因需要有一名骑手摇动红旗为机动车开道，后来被戏称为《红旗法案》。

图 1–6 英国议会通过《机动车法案》

图片来源: 网络引用。

1896 年 1 月 20 日，一名叫沃尔塔·阿诺尔德的英国人因违反限速规定而被处以罚款，成为世界上第一个因超速而被罚款的汽车司机。而当时他的车速只有 13 千米 / 小时。这件事引发了轩然大波，让已经臭名昭著的《红旗法案》很快被废止。《红旗法案》直接导致了一个结果：让汽车等于马车，也丧失了英国在当年成为汽车大国的机会。到 1896 年《红旗法案》被废止之前，英国对汽车的研制几乎处于停滞状态，整整耽搁了 30 年，在英国汽车发展史上留下了可悲的一页。

如今看来，《红旗法案》的颁布无疑是一项令人啼笑皆非的事情。纵观历史发展，英国比较知名的汽车品牌都是在《红旗法案》废除以后才得以问世的。1906 年劳斯莱斯成立，1924 年 MG 开始生产，1935 年捷豹面世，1948 年路虎创立……唯独罗孚公司是 1878 年成立的，不过还是从 1901 年才开始生产汽车。

拱手相送"车轮上的国家"

但凡到过美国的人，对其四通八达、笔直宽阔的公路都会有深刻的印象。美国 66 号公路（Route 66，图 1-7），被美国人亲切地唤作"母亲之路"。呈对角线的 66 号公路，从伊利诺伊州芝加哥一路横穿到加利福尼亚州洛杉矶圣塔莫妮卡。

《红旗法案》的颁布严重阻碍了英国汽车工业的发展，美国汽车工业在效仿英国的过程中慢慢清醒过来，加之工业革命的快速兴起，马车越来越难以适应新时代，美国汽车工业迅速壮大，其中福特 T 型车（图 1-8）成为那个时代的经典款。提起福特，不得不提到他的伟

图 1-7　美国 66 号公路（Route 66）

图片来源：网络引用。

图 1-8　福特 T 型车

图片来源：网络引用。

大应用——流水线。（注意：福特并不是流水线装配工艺的发明者，发明者是英国人乔赛亚·韦奇伍德）。在流水线应用之前，汽车工业完全是手工作坊型的，每装配一辆汽车需要 728 个工时，当时汽车的年产量约为 12 辆，这一速度远不能满足巨大的消费市场的需求。

福特推翻了之前的设计，集合全公司最优秀的设计师，利用一切手段，誓要用最低的成本造出最高质量的汽车，而这份执着的回报就是汽车史上最经典的杰作之———福特 T 型车。1913 年，福特开发出了世界上第一条流水线，当年福特能每 10 秒下线一辆汽车！这缔造了一个至今仍未被打破的世界纪录！福特 T 型车受到了前所未有的疯狂追捧，汽车从此成了美国乃至全世界家庭的生活必需品，福特 T 型车从上市到下线的 18 年间总共售出超过 1500 万辆。可以说，福特 T 型车使美国得以成为"车轮上的国家"，福特也因此被称为"为世界装上轮子的人"。

曲折前行的无人驾驶

随着云计算、大数据、人工智能等新一代信息技术的快速发展，百年后的今天，"无人驾驶"这一汽车领域顶级应用场景逐渐从颠覆认知向寻常生活迈进，不仅频频登上科幻电影的舞台，更是进入到人们的部分生活中。这无一不描绘着美好的未来，一个汽车工业发展的高光时刻！然而，醒一醒,现实中，无人驾驶技术的发展并非一帆风顺，在曲折中艰难地前行。

无人驾驶技术通常分为四个阶段，包括辅助驾驶阶段、半自动驾驶阶段、高度自动驾驶阶段和完全无人驾驶阶段。为了实现无人驾驶的最终目标，以谷歌为代表的 IT 巨头和以特斯拉为代表的主流车企从一开始就走了两条完全不同的技术路径。IT 巨头追求的是无人驾驶一步到位，以充分发挥其在人工智能、深度学习和高精度地图方面的优势；而特斯拉则代表了主流车企的思路，以渐进化的技术路径尽快实现无人驾驶的商业化。

从 2015 年起，我国开始将自动驾驶技术发展纳入国家顶层规划中如表 1-2 所示，以求抢占汽车产业转型先机，增强国家竞争实力。2015 年至 2020 年，我国无人驾驶汽车相关政策密集出台，关注点从智能网联汽车细化至无人驾驶汽车。2020 年年初，国家相继出台《智能汽车创新发展战略》和《汽车驾驶自动化分级》两项方案，进一步明确了自动驾驶的战略地位和未来发展方向。

表 1-2　我国无人驾驶政策整理

时间	政策	具体内容
2016 年 11 月	《"十三五"国家战略性新兴产业发展规划》	加速电动汽车智能化技术应用创新，发展智能自动驾驶汽车
2017 年 4 月	《汽车产业中长期发展规划》	提出到 2020 年，汽车 DA（驾驶辅助）、PA（部分自动驾驶）、AC（有条件自动驾驶）系统新车装配率要超过 50%，网联式驾驶辅助系统装配率要达到 10%。到 2025 年，高度和完全自动驾驶汽车开始进入市场
2018 年 12 月	《车联网（智能网联汽车）产业发展行动计划》	2020 年后，高级别自动驾驶功能的智能网联汽车和 5G-V2X 逐步实现规模化商业应用
2019 年 5 月	《2019 年智能网联汽车标准化工作要点》	全面开展自动驾驶相关标准研制

续表

时间	政策	具体内容
2020 年 2 月	《智能汽车创新发展战略》	实现有条件自动驾驶的智能汽车达到规模化生产，实现高度自动驾驶的智能汽车在特定环境下市场化应用
2021 年 8 月	《汽车驾驶自动化分级》	明确将汽车驾驶自动化功能划分为 0～5 共 6 个等级

近年来，在无人驾驶汽车快速发展的同时，安全事故也频发不断。2018 年 3 月，Uber 的一辆自动驾驶汽车在美国亚利桑那州坦佩市撞到了一名 49 岁的行人，并最终导致其死亡。2018 年 5 月，警方公布了这起事故的真相——Uber 的无人车传感器已经探测到这位正在横穿马路的行人，但自动驾驶软件没有立即采取避让措施，这一事件使得一向对自动驾驶技术持谨慎观望态度的民众更加焦虑。无独有偶，在 2021 年日本东京奥运村内，罹患视网膜色素病变的日本残奥会运动员北园新光在通过人行横道时，与一辆右转的无人驾驶汽车"e-Palett"相撞。该事故的发生让"无人驾驶技术"再次成为舆论关注热点。

➡ **茶余饭后**

著名的电车难题

随着无人驾驶技术的快速发展，关于无人驾驶技术的伦理问题也随之而来。想象一个飞驰着失控的电车轨道上有 5 个人，但转到另一条轨道上只有 1 个人，你愿意牺牲一个人去救活这 5 个人的性命吗？任何人都难以作出抉择。这就是著名的电车难题（图 1-9）。将这个情境应用到无人驾驶汽车的应用场景上，如果汽车行驶到一条路会撞到小男孩，一条路会撞到老奶奶，而不继续行驶，坐在车内的人的生命就会受到威胁，这种情况下无人驾驶汽车又该如何抉择？

图 1-9　电车难题

别笑，或许就是明天

无论如何，时代发展的大势不容阻挡。回首 100 多年前《红旗法案》颁布的年代，内燃机刚刚兴起，一个庞然大物在街上奔驰而过，的确让人心惊胆战。现如今，当我们一直在诟病、指责以无人驾驶技术为典型代表的新技术、新模式的时候，是否与当初那些大街上坐在马车里，嘲笑着坐在汽车里的贵族们一样呢？

历史总是惊人的相似，百年后，或许也有那么一群人回望今天这个年代，会惊讶地感叹道："天啊，他们竟然让人来驾驶！这太不可思议了，真是一件可怕的事情！"不要嘲笑过去，与其担心，不如担当，正视时代的进步和历史的潮流，以一种兼收并蓄的包容心态去试着接受改变，接受新事物的出现、接受创新的发展，或许这就是明天。

1.3 从摇把"摇一摇"到微信"摇一摇"

告别"摇把"的"摇一摇"时代

方方正正的底座厚实墩壮，黑色的外壳上布满通信起步期的印痕，侧方的摇把承载起一个时代的回忆，"喊电话"是属于摇把电话（图 1-10）的独有标签。在新中国成立初期，摇把电话对于普通老百姓来说是一种稀罕物、奢侈品。那时的通信网络极不健全，通信资源严重不足，全国的长途电缆长度不足两千皮长千米，平均每两千人才有一部电话。

图 1-10 "摇一摇"的摇把电话

图片来源：网络引用。

通信技术很不成熟，长途电话需要通过话务员一级一级地进行人工转接，通信线路经常拥塞不畅，通话质量时好时坏，老百姓打电话的难度系数相当高。随着程控电话的问世，摇把电话在 20 世纪七八十年代逐渐退出了大众视野，仅留在电信博物馆中映射着曾经的辉煌，但摇把电话在人类发展和文明史中依然留下了浓墨重彩的一笔。

1980 年，福建省邮电管理局与日本富士通株式会社在福州签订万门程控电话系统引进合同（图 1-11）。1982 年 11 月 27 日，中国第一套万门程控电话交换系统在福州开通。一夜之间，福州的电话通信水平实现了历史性跨越，从第二代的步进制跃升到国际上还没有普遍采用的第五代全数字程控交换，从此我国通信业正式告别摇把的"摇一摇"时代。从 1982 年开始，我国从无到有，从福建一个点到全国各省区市，建设了全球最大规模的程控交换网络。1997 年 8 月，中国县级以上城市全部实现电话交换程控化，国家公用电信网电话交换机总容量突破一亿门，建成了世界第二大电话网。2002 年，中国电话用户总数超过两亿户，电话网总体规模和用户数双双跃居世界第一。中国以巨人般的步伐迈向电话王国！

图 1-11　1980 年福建省邮电管理局与日本富士通株式会社在
福州签订万门程控电话系统引进合同

图片来源：网络引用。

3G 跟跑、4G 并跑、5G 领跑

通信技术在全世界的发展极为迅速，新技术、新设备不断涌现，

我国通信行业后来者居上。相对于英美日德等发达国家，我国的通信事业起步较晚，但发展势头极其迅猛。2009 年工信部为 3 家运营商发放 3G 牌照，我国正式步入 3G 时代，仅仅 4 年之后，4G 浪潮便席卷而来，我国建成了全球规模最大的 4G 网络，4G 基站达 299 万个。到 2017 年 6 月，我国移动互联网户均接入流量达 1591 兆，用户平均体验速率更是从 3G 时代的 4 兆比特 / 秒提升到 4G 时代的 13.5 兆比特 / 秒。

每一代移动通信技术的出现都会给社会带来巨大变化（图 1-12），给世界经济格局带来强烈冲击。核心技术对于国家具有重要意义，只有掌握了核心技术，才能掌握主动权。3G 时代，我国提交的 TD-SCDMA 方案成为三大主流国际标准之一，实现了我国通信史上系统性标准零的突破。4G 时代，我国提出并主导的 TD-LTE 标准，成为全球两大主流标准之一。5G 时代，经过 30 多年的艰苦努力和技术积累，我国移动通信技术国际标准必要专利占比由 1G 时代的 0% 上升为 5G 时代的 38%，我国成为 5G 国际标准化主导力量之一。

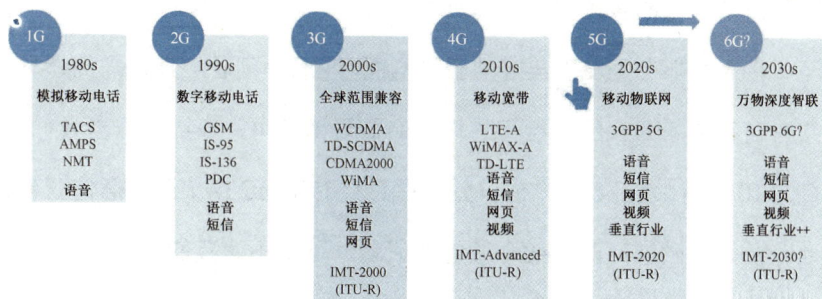

1G	2G	3G	4G	5G	6G?
1980s	1990s	2000s	2010s	2020s	2030s
模拟移动电话	数字移动电话	全球范围兼容	移动宽带	移动物联网	万物深度智联
TACS AMPS NMT	GSM IS-95 IS-136 PDC	WCDMA TD-SCDMA CDMA2000 WiMA	LTE-A WiMAX-A TD-LTE	3GPP 5G	3GPP 6G?
语音	语音 短信	语音 短信 网页	语音 短信 网页 视频	语音 短信 网页 视频 垂直行业	语音 短信 网页 视频 垂直行业++
		IMT-2000 (ITU-R)	IMT-Advanced (ITU-R)	IMT-2020 (ITU-R)	IMT-2030? (ITU-R)

图 1-12 移动通信发展演进史

图片来源：网络引用。

从没有自主知识产权的交换机，到自主研发的 4G 技术、超大容量超高速超远距离的光纤通信技术，网速从每秒几 KB 到现在的每秒几十、数百兆比特，实现了从 3G 跟跑、4G 并跑到 5G 领跑的飞跃，我国通信行业发展犹如一部壮丽的史诗。截至 2021 年年底，全国移动电话用户总数为 16.43 亿户，全年净增 4875 万户，普及率为 116.3 部 / 百人。其中，4G 移动电话用户达 10.69 亿户，5G 移动电话用户达 3.55 亿户。10 年来，中国建成了全球规模最大、技术领先的网络基础设施，光纤网络接入带宽实现从十兆到百兆再到千兆的指数级增长。移动网络实现从 3G 突破、4G 同步到 5G 引领的跨越。

你的需求是被创造出来的

2022 年是微信问世十周年，朋友圈里一时间涌现出一股"回忆杀"。"你还记得自己发的第一条朋友圈吗？"一时间网友们都开始晒出自己 2012 年的第一张照片。从 2012 年到 2022 年，微信改变了人们的生活方式，朋友圈也不再只是拥有一项社交功能。朋友圈分享琐碎日常，记录生活点滴，发表文字图片和音乐，它承载了许多人的回忆和未来、现实和梦想、成长和老去。

在大家都在沉浸于美好的回忆的同时，有个问题一直被人们遗忘，微信到底是怎么来的？当初的你真的需要微信吗？事实上，当我们回忆起 10 年前，大多数用户的认知都是已经有了 QQ 这个即时通信软件，谁还会去用微信？而现如今微信的成功，不得不让我们反思，微信到底做对了什么？

其一，你的需求其实是被创造出来的。就像《乔布斯传》一书中所写的那样：有些人说，消费者想要什么就给他们什么，但那不是我的方式。其实，消费者并不知道自己想要什么，直到你把它摆在他们面前。放到 100 多年以前同样适用，老亨利·福特说道：如果你问消费者他们需要什么，他们会告诉你他需要一匹更快的马。而同时代的欧洲人们还在发愁漫天遍地的马粪该怎么处理呢？没人会知道汽车的诞生。用户其实本不知道需要什么样的新产品，只有新产品出现了，用户才知道怎么更好地满足自己的需求。

其二，用户的需求很简单，用户想要的也很"简单"。起初用户只是需要与朋友聊天、发文件、分享欢乐，非常简单的想法和需求。微信的横空出世给人耳目一新的视觉体验和触觉体验，相较于当初 QQ 的使用，"摇一摇""对讲机"等简单粗暴的用户体验（图 1-13），使其快速在人群中传播开来。微信做对了什么？我想只不过以最简单的方式呈现给用户最根本的诉求。你和高手间的差距，就是"简单"。

图 1-13 微信"摇一摇"

图片来源：网络引用。

无独有偶，在时下最火的网络直播领域，"东方甄选"直播间火了。"有朋友说，命运给了董宇辉一张颗粒无收的脸，知识却给了他五谷丰登的灵魂。"这是2022年爆火的"东方甄选"直播间的主播董宇辉在带货时调侃自己颜值时提的一句话。董宇辉幽默风趣，且在直播时滔滔不绝、干货不断，一时间圈粉无数。反观当下的直播带货电商，"东方甄选"可谓一股清流。当其他主播依靠颜值，或是"买它、买它、买它"的口号时，一个在直播间讲英语、口述小作文的主播脱颖而出，频繁登上"热榜"。

"东方甄选"直播间的火爆不是一个偶然，这说明网友的情怀和学识及网友对学识和情怀的向往一直都在。这说明广大用户的心底还都存有一丝对美好、对知识、对生活的向往，而这埋藏在心里的最原始的本能，被一个小小的直播间挖掘了出来。

➡ **茶余饭后**

4袋大米的故事

一位网友自述有关4袋大米的故事火遍全网。我第一次进董宇辉直播间的时候他在卖大米，说："你后来吃过很多菜，但是那些菜都没有味道。因为你每次吃菜的时候都得回答问题，都得迎来送往，都得小心翼翼，你不放松。你还是怀念，回到家里炒一盘土豆丝、炒一盘麻婆豆腐、炒一盘西红柿鸡蛋，那个饭吃得真让人舒服。"于是我第一次买了这个米。

第二次进来的时候，董宇辉又在卖米，他说："我想把天空大海给你，把大江大河给你。没办法，好的东西就是想分享于你。譬如朝露，譬如晚霞，譬如3月的风和6月的雨，譬如9月的天和12月的雪。世界美好都想赠予你。你对我的好，就像这盛夏一样，就像我所用莎士比亚那句诗——shall I compose it in the summer's day（我可否将你比作夏日）。"我又买了一单。

第三次进东方甄选直播间，董宇辉还在卖大米，他说："我没有带你看过长白山皑皑的白雪，没有带你去感受过十月田间吹过我的微风，没有带你看过沉甸甸弯下腰犹如智者一般的谷穗。我没有带你去见证过这一切，但是亲爱的，我想让你品尝这样的大米。"我买了第三单。

第四次进东方甄选直播间，董宇辉提到自己的经历，说："我在当老师的时候对自己有一个职业要求，希望自己每一次出现在镜头前是清醒的、是振奋的、是心态良好的。不管我上一秒还在处理生活中怎么样的苟且和痛苦，我都希望自己西装革履地站在孩子面前，给孩子一种关于美的启迪。希望通过不怎么搭配的着装让孩子们感受到我很重视这里。"也许是被这种对于职业的敬畏感和热爱打动了，我又买了第4袋大米。

从早期的手摇电话，到如今的微信"摇一摇"、直播互动，信息技术的发展一方面在极大满足人民物质生活和精神生活需求的同时，又在不断创造新的产品、新的模式，为用户创造更多的价值需求。对需求的深刻洞察、持续挖掘，进而创造出新的价值需求，是时代持续进步的关键推动力。面向未来，人工智能、量子信息、脑机接口、生物智能等前沿技术加速突破应用，人们的工作、社交等方方面面都离不开信息技术的应用，信息技术从无到有又将无处不在。或许这一刻，我们还在争吵元宇宙的概念是否是炒作，而下一刻，我们将携手一起共同迈入一个由信息技术"核聚变"所产生的新的宇宙空间，正如同137亿年前的那次"大爆炸"。

1.4 从"汽笛声""电报声"到"键盘声"

公元 17 世纪末，第一次工业革命拉开帷幕，随后仅仅 300 年间，第二次、第三次工业革命依次登场，工业文明的车轮滚滚向前，驶向更辽阔的远方。尽管人类革命随着历史进程不断爆发，革命的内容也不尽相同，但人类经历的每一次革命的规律却格外相似——新的革命从旧世界的土壤中酝酿和成长，仿佛初生的婴儿，在泥泞的大地上蹒跚学步，在彷徨和迷茫中，一步一个脚印，用双脚走出一条方向明确且崭新的道路。自 18 世纪以来，全球范围内先后出现了以蒸汽动力、电气动力和信息化技术为主导的三次工业革命，生产方式和生产技术发生巨大变革，企业从手工工场、工厂制到信息化组织的动态演进，酝酿着一次次工业革命。在此过程中，个体的发展、制度改革和创新、技术进步等革命因素共同促进了全球经济的持续增长，并将人类带向工业化、信息化的新纪元。

蹒跚学步（0 ～ 1）：工业革命的呼唤

对于工业革命，我们总是在思考：工业革命到底是怎么来的？究竟是什么推动了工业革命的产生？工业革命为什么能实现从 0 到 1 的跨越？要回答这些问题，我们就必须到工业革命的前夜，那个错综复杂的社会寻找答案。

第一次工业革命最先在英国的土地上生根发芽，这与英国自 16 世纪开始的人口数量大增长及商业和贸易的扩张密不可分。从人口增长方面来看，1500 年，英国已经拥有 280 万人口，在第一次工业革命前期的 1751 年，英国人口已增长至 577 万人，增幅高达 106％。

另一方面，英国的海外贸易也有所发展，尤其是新航路开辟以后，英国海外贸易所涉及的地理范围不断扩大。16 世纪下半叶，英国的货物开始被运往米德尔堡、鹿特丹和阿姆斯特丹等城市，也被运往德国和波罗的海地区。布里斯托尔、霍尔和伊普斯维奇等南部港口城市同伊比利亚半岛、法国及荷兰等地直接建立了贸易往来关系。伊丽莎白一世晚期，英国商人的势力范围还渗透到了地中海一带。17 世纪初，英国同远东和美洲的贸易也开始发展起来，这不仅给手工业的发展开辟了广阔的市场，也增强了英国商人的经济实力。人口的膨胀和贸易的扩张导致市场对手工业制品，尤其是作为生活必需品的纺织产品和工具物品的需求不断扩大，而在当时的英国，手工业生产还主要以分散式劳动和手工工场的人力生产为主，并没有形成高度组织的规模化效应，因此手工产品的产量远远达不到市场所需求的数量。

从第一次工业革命前夕的社会来看，我们不难发现，社会的扩张和需求的升级是第一次工业革命的重要驱动力量：剧烈的社会变化对社会生产力提出了新的要求，而工业革命则是实现该要求的必由之路，这是工业革命必然发生的原因，且必然首先发生在英国的根本原因。

双脚走路（1 ～ 10）：工业革命的基础

社会的新需求向新的生产方式、新的工业革命发出时代的呼唤，成为工业革命的驱动力量，这是工业革命实现从 0 到 1 的突破的关键。

然而，下一步工业革命向哪个方向走呢？或者说，生产方式应该怎么样革新呢？其关键在于生产技术的颠覆性进步，我们姑且称之为"技术突变"。

"技术突变"的奥秘之一：理论和理念的同频共振。事实上，生产技术的突破和进步是源自内部和外部两种力量共同作用的结果，其中内部力量指科学理论的发展和创新，而外部力量则指人类社会发展理念的变革。第一次工业革命中瓦特改良的蒸汽机解决了工业发展的动力不足的问题，而蒸汽机的工作原理就直接源于牛顿的力学定律。同样地，第二次工业革命中电力的广泛应用离不开法拉第电磁感应定律的应用，而爱因斯坦的相对论和图灵的计算机科学理论则为第三次工业革命中的新能源开发和信息化技术的进步提供了坚实的理论支撑。可以说，正是由于科学技术在短时间内的集中式突破和持续不断地发展，新一轮工业革命才有了爆发和发展的可能。

因此，科学技术创新为工业革命这一初生的婴儿提供了筋骨和气力，而发展理念为变革提供了方向和目标，只有当两者同时发生时，工业革命才能从蹒跚学步的阶段进化为双脚走路的阶段，才能为工业革命提供坚实的基础。

> ➡ **茶余饭后**
>
> ### 理想和理念缺一不可
>
> 如果理论和理念这两个条件其中之一不成立，或者两个条件都不成立，即便社会存在新的需求，新的工业革命也无法爆发，这也是新的工业革命的进程中受到的主要的阻碍之一。以英国为例，英国作为世界上第一个完成第

一次工业革命的国家，创造了辉煌的工业成就，然而仅仅在 50 年后，英国就在第二次工业革命的过程中落后于美国、德国等国家了。究其原因，是英国社会发展理念变革迟缓：在国内，工厂的固定资产投入过大，工厂主不愿意将钱花在更新旧的但还能继续使用的机器设备上；在国外，英国作为全球最大的殖民帝国，掌握了广阔的销售市场、原料产地和许多廉价的劳动力，即使不更新技术设备，英国资本家也能从殖民地获得巨额利润。因此，英国社会的发展理念被现实利益所束缚，无法洞悉未来发展的方向，而没有方向的第二次工业革命自然无法在英国继续发展下去。等到英国社会的发展理念开始变革时，第二次工业革命已经在美国、德国、日本等国家悄然开启了。

"技术突变"的奥秘之二：组织模式的保驾护航。新的工业革命需要真正用健硕的双脚走起来，但实现向前奔跑还差最后一步，也是最为关键的一步——就是解决工业革命如何走向规模化路径的问题。组织模式的变革往往发生在每一个生产单元中，并体现为生产单元的内部的结构优化和秩序重塑。第一次工业革命前，英国制造业主要以分散式（农村家庭）或集中式（富有商人开办）的手工工场为主，以纺织业为例，在该生产单元中工人是核心，工人只需要通过简单训练即可操纵人力织机进行最终产品（布匹）的生产，工人可以分散在各处进行小规模生产，只需要按时交货，组织管理较为简单。而工业革命后，大量如水力纺纱机等位置固定、体积较大的纺织机械设备的问世让人们看到了机器极高的生产效率，同时人们也发现了其与原有的分散的手工工场组织模式的不适应，进一步引发了人们对集中大规模应用机器生产的思考（图 1-14）。在这一时期，最有代表性的企业家是英国兰开夏郡的前理发师阿克莱特，他开创性地创造了工厂雇佣式的大机器集体分工合作的组织模式，被誉为"近代工厂之父"。随后，18世纪末至19世纪初，在英国兰开夏郡、德比郡创立的大多数工厂都参照、模仿了阿克莱特的工厂模式，在这些大型工厂中普遍采用了直线制或职能制的组织模式。由此，英国第一次工业革命才算正式从彷徨走向呐喊，新的生产方式真正得以在英国全域进行大规模应用，而英国也正式进入了工业时代。

图1-14　第一次工业革命英国的纺织厂

图片来源：东方IC。

可见，组织模式的变革往往向着效率最优化的方向进行，而在这个过程中，阻碍往往来自生产过程中被淘汰的部分。从第三次工业革命的角度来看，多种技术的进步导致市场上产品更新换代的速度不断加快，居民收入的分化也导致消费需求更加多样化，企业之间的市场竞争日趋激烈。企业内部也呈现出经营领域多元化、产品种类大幅增加、经营地域不断扩大的趋势。在这样的状况下，改变原有的工人流水线进行同质化商品生产的组织模式，大规模采用全自动化设备进行多样化生产，并能够随时通过计算机对生产内容进行实时调整，是企业持续经营的必要手段。然而，这样的调整意味着传统劳动力，尤其是中低端制造业的劳动力大量失业，必然会受到这类人群的反抗和阻碍。例如，美国港口工会连续多年反对港口自动化，导致美国最大的洛杉矶港和第二大的长滩港都堆满了集装箱，超过20万个集装箱"漂"在海岸线上等待被卸货，低效率的港口反而成了美国供应链的瓶颈。由此可见，只有当组织模式完成新旧交替，新的工业革命才能真正发挥其作用，成为真正意义上的人类社会的新的生产方式的出现和实际生产力的提高，实现从双脚走路到向前奔跑的跨越。

向前奔跑（10～*N*）：工业革命的实现

从第一次和第二次工业革命中人类选择不遗余力奔向生产力的最大化，到第三次工业革命中人类开始思考可持续发展的新道路，这一系列的变化的起源和动因就隐藏在工业革命进程中的一声声呐喊里。在奔跑和呐喊的过程中，旧业落、新业起，产业变革的密码就存在于一起一落之间。只有从历史和时代的角度，观照每次产业变革的规律，方能洞察古今，有所裨益。工业革命的进程往往开始于人类社会规模的扩张和人们需求的升级，在这个阶段的人们渴望新的生产方式所带来的生产力的巨大飞跃，从而满足不断扩张的需求。因此，人们对生产力发展的要求是人类社会开展工业革命最原始、最基本的动因和期盼，而这一社会状况也促使了生产力的提高成为第一次和第二次工业革命呐喊的主旋律，引领当时的人们走向工业革命的第一条路——生产力之路。

在第一次和第二次工业革命的过程中，最显著的特征是都出现了在能源使用方面的突破。第一次工业革命中煤炭与蒸汽机的搭配、第二次工业革命中石油与内燃机的搭配，以及以煤炭和石油为主体的化学能源向更高效率的电能的转化，都使得人类社会的生产力得到空前的提高（图1-15）。可以看出，在能源使用方面的突破具体表现为人类发明了能够使用该能源的机器和技术（蒸汽机、内燃机和火力发电技术），这就是第一次和第二次工业革命的核心，而也正是这样的突破使生产力的最大化成为可能。

图 1-15　石油驱动的大型内燃机

图片来源：网络引用。

因此，工业革命往往围绕着能够使生产力最大化的部门展开。在这个过程中，往往会出现大批新兴产业的崛起，同时大批落后产业被最终淘汰的现象，而这些兴起的产业往往呈现出以核心技术为中心的上下游链状分布的特点，链上的所有产业都享受到了巨大的技术红利和市场效益，从而成为这个时期的支柱性产业。

以第一次工业革命为例，蒸汽机作为第一次工业革命的核心工具，其衍生出的纺纱机、蒸汽机车、蒸汽轮船等生产工具迅速在纺织业、交通运输业、冶金业等大规模应用，首先满足了人类最根本的衣食住行方面的新需求。在这种生产模式下，机器作为重要的生产工具，使得代表核心技术的机器成为第一次工业革命的产业链条的中心和基础。其次，与机器的使用相关的以煤炭为主的上游能源产业迅速崛起，采煤业成为新兴产业的重要组成部分。同时，机器生产直接面向的消费需求，即社会扩张、人口增长和流动所需要的纺织品、交通运输工具、日用工具等必需品的需求集中爆发使纺织业、冶金业、交通运输业成为新兴的支柱产业。因此，由纺织业、冶金业、交通运输业、机器制造业、采煤业五项新兴产业作为支柱产业的新工业体系就此产生，而该体系也是当时的技术条件下能够发挥最大生产力的工业体系（图1-16）。

图1-16 第一次工业革命带动形成的支柱产业链条

图片来源：网络引用。

注：中间部分为该产业链条中的核心技术产业。

同样地，在第二次工业革命中，电气和内燃机作为新的核心以更高的生产效率取代了原有的蒸汽技术体系，逐渐形成以电力运输和机械制造为核心，向上游的采煤业、石油业和下游的通信设备业、交通运输业、化学工业进行延伸，第二次工业革命完成了新工业体系的构建（图1-17）。同时，第一次工业革命的传统棉纺织业逐渐被化学纤维纺织业取代，蒸汽交通业也逐渐被内燃机交通业取代，实现了新旧工业的交替。

图1-17　第二次工业革命带动形成的支柱产业链条

图片来源：网络引用。

注：中间部分为该产业链条中的核心技术产业。

在第一次和第二次工业革命的过程中，产业的变革过程主要可以总结为以下规律：以新技术载体为中心进行上下游全产业链的展开，对上一工业阶段的低效率产业进行转化和淘汰，并逐渐形成规模化、效率化的新型工业体系，以最大化地提高生产力。这就是人类走向工业革命的第一条道路：生产力之路，人们一路高歌猛进，向一个崭新的工业世界发出了划时代的呐喊。

值得一提的是，在冲向以生产力为目标导向的第一次和第二次工业革命的过程中，产业的新旧交替应该是剧烈且彻底的，原因在于新的产业能够显著提升生产力水平。然而，旧资本对新产业不适应，容易降低新产业对旧产业的替代速度，这为工业革命带来了一定的阻力。总体而言，人们在冲向以生产力为主旋律的第一次和第二次工业革命的背后的产业演进既有变化的部分也有不变的部分。其变化在于，两次工业革命的核心能源和动力是变化的，电力和热动力对蒸汽动力的取代是技术升级带来的必然结果，这也是从结果来看的变化；而其不变的地方在于，两次工业革命都是从能源的使用进行集中于一点的"技术突变"，随后以核心技术为中心进行产业链的延伸和替代，以获得最大的生产力，这是从产业演进的发展规律方面来看的不变。

如今，第三次工业革命已经逐渐进入尾声，但人类追求可持续发展的步伐仍未停止，第四次工业革命正在不远的前方向我们招手，人类也即将进入一个全新的纪元。在第三次工业革命的过程中，由信息和数据创造了巨量的财富和社会生产力，而如何更好地掌握、保护并利用信息和数据，如何以更快的速度、更低的能耗、更简单的方法加密、传输、管理、分析巨量数据，是第四次工业革命需要研究的重要课题，而从现在的技术发展情况来看，5G通信、云端数据、区块链技术等核心技术正处于高速发展阶段，可以说，第四次工业革命和数字化之旅已经蓄势待发。

从"四大发明"到"Star Farming"，从《红旗法案》到无人驾驶，从摇把"摇一摇"到微信"摇一摇"，从"汽笛声"到"电报声"再到"键盘声"，历史的印记如同电影般一幕幕翻滚呈现，虽然观众早已一波散场又一波入场，但电影的情节却没有停止前进，依稀能找到昨日的痕迹。这是一个怎样的时代？这是一个变化越来越快的时代。在这场前所未有的大变革中，很荣幸你我都不只是旁观者，而是这场伟大实践的见证者、亲历者、践行者。回望过去，我们似乎找到了这场旅行的几样"必备品"：创新引领、包容兼蓄、需求制造、技术突变，让我们带着这些时代的印记，踏上人类历史上最伟大的迁徙之路。

历史总是惊人的相似，但绝不是简单地重复。

第二章

革命的数字"新生"

目标越接近，困难越增加。

——约翰·沃尔夫冈·冯·歌德

回望历史，人类拨开重重迷雾，筚路蓝缕、跋涉前行；放眼未来，数字化的大门已经在不远处缓缓开启，我们即将迎来一个崭新的时代。我们将带领大家伫立在数字化大门之前，放眼如今的世界，探索人类走向数字化时代的足迹，寻找人类迈进数字化大门的"最后一千米"。遥望远方，我们不禁思考：究竟是谁推动了数字革命的进程？是历史的必然，还是未知的偶然？跨过数字化的门槛，人类的前进方向和步伐会因此改变吗？数字化大门的背后到底蕴藏着怎样的魔力，让我们如此渴望并苦苦追索呢？我们要回答这些问题，就必须重新审视数字化革命的条件，发掘数字化革命的动因和逻辑，并对数字化革命中最重要、最具特征性的"数据"进行深入的理解和研究。

2.1 黎明前的沉寂

自 18 世纪 60 年代第一次工业革命兴起，至今已 200 余年，人类在完成了第一次和第二次工业革命后，也早已踏上了第三次工业革命的康庄大道，谈笑凯歌，自第三次工业革命的兴起至今也将近 50 年。如今，我们迎来了一个崭新的时代，信息化、数字化的发展达到了前所未有的高度，第三次工业革命带来的增量红利正逐渐萎缩，国际经济增长进一步放缓，经济下行压力进一步增加，2020 年起人类又遭遇了新冠肺炎疫情的"全球战争"：人类正在经历着 21 世纪以来最严峻的挑战，再一次来到了历史的十字路口。

空前发展的工业技术为数字化的发展打牢基础

进入 21 世纪以来，随着人类社会工业化和信息化的不断推进，庞大的工业规模、巨量的技术创新、繁荣的全球贸易及充分的科技交流，让工业技术进入了高速发展的阶段。2020 年，新冠肺炎疫情席卷全球的同时，人类也迈进了 21 世纪的第 3 个 10 年，而工业技术也已然进入空前发展的全新阶段。科学技术深刻影响着国家的前途命运、人民的生活福祉，空前发展的工业技术为人类社会的发展作出了巨大贡献，人类也正式迎来了技术改变生活、技术改变世界、技术改变未来的新时代。

就工业技术而言，新冠肺炎疫情暴发对全球创新格局产生了巨大冲击，各国积极围绕人工智能、智能制造、大数据医疗、生物科技、区块链技术等领域展开工业科技创新研究，抢占未来竞争高地。美国、欧盟等发达经济体在创新载体建设、知识产权保护、政府资金资助等方面大力支持工业技术创新。亚洲经济体的创新研发支出占全球创新研发支出比重也持续上升，中国、韩国、新加坡、印度等国的创新能力逐年显著提升。总体来说，世界创新核心区域逐渐东移，形成了美国、西欧、东亚"三足鼎立"的态势。

就制造技术而言，近年来制造工程和制造科学取得了前所未有的成就，3D打印、人工智能、"互联网＋"协同智能等先进制造技术、制造系统和制造模式层出不穷，制造业得到了空前发展。其中，智能制造作为现阶段最先进的制造技术，已经能够做到与人类专家共同实现人机一体化，将神经网络技术和模糊控制技术等先进制造技术应用于制造业，并在制造活动中进行分析、推理、判断、构思和决策，同时可以部分取代人类专家在制造过程中的脑力劳动，使制造过程实现智能化。

如今，工业技术正逐步迈向新时代：数据开始成为重要的生产资料。无论是以人工智能、智能制造、大数据医疗、生物科技、区块链技术为核心的工业技术创新，还是以3D打印、人工智能、"互联网＋"协同智能为核心的制造技术创新，都引入了数据这一生产要素，以实现产品的自动化生产和个性化定制。毋庸置疑，小规模的数据集成正在成为工业技术发展的重要动力之一，而工业技术的发展又反过来创造了巨量的数据，为世界打开了数字化的大门。

先进的信息技术使数字化成为可能

近年来，我国信息技术产业蓬勃发展，产业规模迅速扩大，产业结构不断优化，新一代信息技术不断突破，作为经济社会发展和人民生活质量提高的引擎的作用不断被强化，信息技术产业已发展成推动国民经济高质量发展的先导性、战略性和基础性产业。随着信息技术发展到现代，如今社会经济发展已经进入这样一种状态：信息技术产业的快速发展和广泛应用覆盖第一、第二和第三产业，为各行各业的发展插上了飞翔的翅膀，为国民经济发展效率的提高、质量的提升及生态环境的改善提供了强大引擎。信息技术产业已然成为推动经济社会发展的标志性产业。随着新一代信息技术的不断成熟和完善，其综合应用能力越发强大，现有的技术水平已经能够实现对海量数据的高效利用，并充分发挥其经济潜力，使信息化成为企业生产经营过程中不可缺少的生产要素。我们可以认为，先进的信息技术正在不断筑牢数字化的基本盘，在可以预见的未来，世界已经成为数字化的蓝海！

数据成为打开数字化大门的唯一钥匙

工业技术正逐步迈向新时代：在第三次工业革命的时代，因为电子信息技术的广泛应用，所以制造过程不断实现自动化，机器能够逐步替代人类作业，不仅接管了相当比例的体力劳动，还接管了一些脑力劳动。而现在，随着智能技术的不断成熟，以智能制造为主导的第四次工业革命已近在眼前，在工业新时代，数字化将是最显著、最重要、最具革命性的时代特征。毋庸置疑，工业技术的空前发展已经构成了数字化的基础，工业技术的成熟使数据能够转化为生产力，企业的数字化转型有了根本动力。在未来，产品全生命周期和全制造流程的数字化，以及基于信息通信技术的模块集成，将形成高度灵活、个性化、数字化的生产模式。

我们在想象一个数字化的世界时，目之所及最多的一定是数据。数字化具有典型的数据特征，即数据的利用贯穿于整个数字化进程当中。因此，是否能够对数据进行突破性发掘和使用，是数字化能否顺利推进的重要条件。具体而言，人类对数据的发掘和使用一般分为数据生产、数据储存、数据传输、数据分析、数据应用5个部分，而空前发展的工业技术则成为支撑数据分析和数据应用的关键技术。

其一，数据分析主要依靠由计算机视觉、机器学习算法、自然语言处理、机器人技术和生物识别技术五大核心技术组成的新一代人工智能技术，是数字化革命进程中的关键环节。新一代人工智能技术实现了对巨量数据的认知、分析、学习和自我提升，即其不仅能够完成一般意义上的大数据分析任务，并能够随着数据量和学习次数的增加不断进行模型的优化和提升分析水平，使数据分析的结果越发准确有效。由此可见，新一代人工智能技术是数字化技术的里程碑，它从根本上改变了人和信息系统的关系，信息系统不再只依靠人力运行，人工智能使人力无法做到的大数据分析处理成为可能，这也是人类走向数字化时代的重要前提。

其二，数据应用主要是在供给端形成新一代智能制造技术，其本质是"人工智能＋互联网＋数字化制造"，这是集数据生产、储存、传输和分析为一体的先进制造模式，在该模式下，供给端和需求端的连通性达到了前所未有的高度，供给端不仅可以迅速把握需求偏好的变化并通过数字化工厂自动调整流水线，进行智能化、个性化生产，还能通过对数据的智能管理实现生产效率最大化和节能减排。我们可以认为，新一代智能制造技术的大范围应用是数字化革命走向成熟的标志，同时也将是第四次工业革命的高潮。

现如今，先进的信息技术已经能够帮助实现高效的数据生产、数据储存和数据传输的目标。

（1）以现有的技术水平来看，数据的生产主要集中于个人、企业和政府三大部门的互联网端口，数据生产的数量和质量与互联网的普及程度有关。如今全球互联网普及率达65.6%，且大部分网民集中在发达国家和新兴国家，可以认为，现阶段数据生产的存量端口体量巨大，且增量端口仍有巨量空间。研究表明，到2025年全球数据量将增加至175ZB，年复合增长率达30%，未来全球数据规模将进一步增加。随着5G通信网络的普及、网络信号基站建设成本的降低，互联网"提速降费"成为必然趋势，这将极大地提高数据生产的速度和质量，为数字化提供"数据兜底"的服务。

（2）数据的储存将逐步实现从本地系统向云端的转移。国际数据公司（IDC）预测，到2025年，世界上几乎一半（49%）的数据将存储在公有云的环境中。新一代信息技术中的云计算软件和系统已经相当成熟，新产生的数据能够进行长期储存，为数字化服务提供庞大的数据资源库。同时，区块链技术的引入将非常有助于云端数据的加密保护，"区块链底层技术 + 云计算"模式形成的"去中心化云计算"将在产业政策的导向下成为数字化革命的下一个突破口。

（3）数据传输主要考虑传输的速度和安全性，而这极大依赖于数据传输技术的突破和数据传输基础设施的建设。如今 5G 技术的发展已经能满足数字化革命对数据传输的要求，5G 技术成为数据大规模、大范围、远距离交流共享的技术支撑。

综合来看，信息技术整体的贡献度正在变大，在各方面已经有了技术基础和实践经验，能够做到数字化覆盖的相关领域也越发全面。

蓄势待发的数字化

如今，全面数字化的各方条件均已成熟。空前发展的工业技术及先进的信息技术都为数字化提供了技术支撑：数据可以被快速生产、储存和传输，并通过集成分析和运用实现其经济价值。事实上，数字化的时代就是数据的时代，当人类可以自如地掌握数据并利用其产生经济价值、提高社会福利水平时，数字化时代就已经悄然来临了。毋庸置疑，当今社会经济发展正呈现出信息技术占主导作用、工业技术是实现路径、数字化转型条件已经成熟的新趋势，数字化正在以一种势不可当的姿态向我们走来。如黎明前的沉寂，数字化的前夕总是无比寂静的。多数人只能看到漫漫长夜，而数字化就像初生的竹笋，已经默默在土壤里扎下无数的根系，只待平地一声惊雷响，电光划过天际，旭日驱散黑夜之时，破土而出，向阳而生。

数字化降本增效，让美的焕发新活力

从 1981 年"美的"商标正式注册算起，美的经历了改革开放所带来的中国家电消费市场的黄金时代，年营收逐年攀升，一跃成为中国白色家电制造巨头。2009 年，红利期结束后美的迎来阵痛：利润率连续三年下滑，甚至出现了增收不增利的情况。到 2012 年，情况更加严重，不仅利润率继续下滑，营收也减少了 1/4。对于任何一家企业来说，营收大幅下滑都是盛极而衰的转折信号。正当各界质疑之声不绝于耳时，美的迎难而上，开启了数字化转型之路。2016 年，美的的年营收增长至 1598 亿元，仅一年之后，这个数字达到了惊人的 2419 亿元。这一切的背后，就是美的走了 10 年的数字化道路。

虽然在 1996 年美的就领先于行业，向 Oracle 购买并实施了 ERP 系统，但是多年打造的 IT 系统形成了一个个无法互相联系的信息孤岛，如整个集团存在大量的独立系统，同一领域也存在多套系统，单单是研发系统就有 10 多套。这就造成了系统没有统一标准，系统间的数据也无法打通，最终导致运营效率低下的情况。于是，经历了年营收和利润大幅下滑的 2012 年之后，美的就启动了"632"数字化战略——在集团层面，重新打造六大运营系统、三大管理平台、两大门户网站和集成技术平台，取代原有的 IT 系统，实现一个美的、一个体系、一个标准，即实现内外数据的互认互通的目标。

"632"数字化战略使美的的生产管理效率得到大幅度提高。例如，美的通过数字化系统，引入了"T+3"模式，帮助解决家电销售模式中经销商"压货"的问题。与传统销售流程不同，"T+3"模式从消费者订单申报开始（T 周期）倒推，以销定产，工厂开始准备生产原材料（T+1 周期），然后生产制造订单中的产品（T+2 周期），最后发货至消费者（T+3 周期）。美的智能工厂如图 2-1 所示。

总而言之，数字化战略帮助美的焕发了新的活力，而美的自主设计的数字化生态也已经为 200 多家企业提供了全价值链数字化解决方案，成为美的综合业务的一个新的增长点。

图 2-1　美的智能工厂

图片来源：新华社。

2.2 谁是数字革命的推手

新冠肺炎疫情是推动数字革命的"加速器"

恩格斯说："社会上一旦有技术上的需要，这种需要就会比十所大学更能把科学向前推进。"网上风靡一道既令人啼笑皆非又令人陷入深思的选择题：谁在推动企业的数字化转型？ CEO、CTO，还是 COVID-19（图 2-2）？当很多人看到这道选择题的时候就已经明白了出题人所要表达的意味。人们常说"需求是发明之母"，COVID-19 在全球的肆虐也迫使我们重新思考我们所熟知的日常生活——从工作到教育、从生活到娱乐，人们开始转向对数字工具的使用，希望在管控之下保持相对正常的生活秩序。我们的工作和教育体

图 2-2　谁在推动企业的数字化转型
图片来源：网络引用。

系需要进行全面的数字化改造，而谁能够利用技术保持发展并通过数字化转型快速塑造未来的商业模式，谁就将在市场竞争中占得先机。

新冠肺炎疫情期间，在传统业务受到极大冲击被迫按下"暂停键"的情况下，企业的全面数字化转型却按下了"快进键"。疫情下实现业务增长的要么是"数字化原住民"企业，要么是"数字化新移民"企业，而那些"数字化贫民"企业则面临着束手无策甚至被迫倒闭的困境。越来越多的制造企业直观、深切地感受到数字化转型带来的显著优势，不再踌躇于"要不要"转型，更加深入思考"转什么""怎么转"。数字化转型不能只停留在技术手段上的改进，而要上升到关乎企业未来生存发展的经营战略的层面并加以部署，以数字化转型战略引领企业转型升级。新冠肺炎疫情期间，实体经济受到了巨大冲击。线下零售、差旅、餐饮、生产制造等行业业务开展并不顺利。但有一些企业却迎来了难得的上升窗口期，线上教育、线上办公、OA 文档协作、线上娱乐（游戏、视频）、生鲜、外卖等发展火爆。

> ➡ **茶余饭后**
>
> ### 远程医疗与远程教育率先实现数字化
>
> 远程医疗。在新冠肺炎疫情暴发之前，远程医疗就已经取得了一定进展。但这一次，公共卫生官员们开始真正通过智能手机及其他工具推动医疗保健系统向远程医疗领域迈进。现有技术已经足以对患者进行远程问诊并分辨出那些并未患病的人群；但出于习惯及潜意识中的担忧，人们更愿意亲自前往拥挤的医院大厅，只为求个安心。如今，远程医疗有效降低了人与人之间的接触频率，有效减缓了病毒的传播速度。当然，远程医疗虽有诸多优势，但也存在不少有待克服的挑战。在新冠肺炎疫情的冲击下，医疗保健系统必须

尽快解决这些问题。华新镇社区卫生服务中心家庭医生工作室正在与复旦大学附属中山医院青浦分院进行远程会诊如图2-3所示。

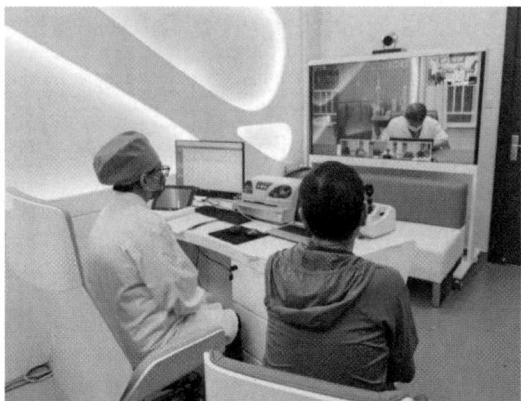

图 2-3　华新镇社区卫生服务中心家庭医生工作室正在与
复旦大学附属中山医院青浦分院进行远程会诊

图片来源：澎湃新闻。

远程教育。随着新冠肺炎疫情遍及各国，学校也纷纷开始推出自己的远程教育计划。不少大学决定将本学期内的剩余课程的学习模式改为在线学习模式，同时封闭部分校区以遏制病毒传播。虽然不少大学（如哈佛商学院）在在线教育领域拥有丰富经验，而且已经为此次转型做了充分准备，但大多数教育机构此前并没有建立起真正的在线课程体系。

综合来看，疫情推动数字化转型的关键在于，疫情的突发性与强制性让人类变得"相对静止"了，当所有人都被困在家里的时候，大部分行业原有的运作模式、生产模式就不再适用了，因此疫情倒逼企业和行业进行数字化转型，将原来的线下业务转移至线上，将原有的线下生产与经营战略也转移到线上，而线上逻辑的根本，实际上就是数字化。所以，疫情对推动数字化转型最大的影响并不在于让那些原来已经在进行数字化的行业加快数字化的速度，而是让那些本来认为不能，或者不需要、不愿意转变的行业（如餐饮行业、医疗行业），也开始思考数字化转型并快速采取行动。疫情就像是压倒骆驼的"最后一根稻草"，让人类社会内部快速掀起了数字化的大革命，这场革命是内源化的，它既不是保守派也不是改良派，而是绝对的自由派、革命派，因为大家都已经意识到，无论愿意与否，数字化都已经是绝对的趋势，唯有自我革命才能盘活经济，涅槃重生。

谁是数字革命的真正推手？

当然，疫情只是加速这场数字化革命的"催化剂"和"加速器"。究其本源，早在疫情之前，就已经开始了数字化的实践，应该说，数字化不是一个新概念，其本质是信息化发展的一部分，是人类对数据处理能力不断提升所必然演演进到的一个时代趋势和阶段。回顾历史，从文明之初的"结绳记事"，到文字发明后的"文以载道"，再到近现代科学的"数据建模"，数据一直伴随着人类社会的发展变迁。然而，直到以电子计算机为代表的现代信息技术出现后，人类掌握数据、处理数据的能力才有了质的跃升。信息技术及其在经济社会发展方方面面的应用（即信息化）推动数据（信息）成为继物质、能源之后的又一种重要战略资源。

从人类社会发展规律来看，随着数据逐渐成为新兴生产力的代表，其作为生产工具所具备的巨大的生产能力必将成为人类社会在下一个发展阶段中新的增长点。能够对巨量数据进行有效的的获取、挖掘和使用成为推动数字化转型的重要"源动力"。与新冠肺炎疫情不同的是，数据的推动力是一种长期的趋势，其作用力不如新冠肺炎疫情这么强，但是构成了数字化转型的基本逻辑，可谓是数字革命的真正推手。从数据的生产作用来看，数据能够精确指导社会经济资源配置，即通过对数据的分析，市场经济能够在最短时间内捕捉到需求与供给的变化，并以最快的速度达到供给与需求的均衡点，实现经济资源的最佳配置，从而产生社会净福利。从数据的供给端来看，巨量数据主要由广大的消费者群体产生，这就意味着买方市场将成为未来一段时间内的市场主导力量，而厂商能否跟随消费者需求的变化迅速调整生产结构，市场能否跟随消费者需求的变化迅速调整生产要素的配置的能力，将决定企业和行业是否能够继续存活。与此同时，由于数据对个体偏好巨大的描述作用，所以需求端的个体差异将持续放大，一人千面将成为未来的消费新趋势，而供给端的企业和厂商则将面临持续洗牌，数字化是供给端实现长期经营的必由之路。

此外，新冠肺炎疫情在相当大程度上将人类社会推向了一个具有更多不确定性的漩涡之中，从本质上看，新冠肺炎疫情加速了社会不确定性的产生，包括众多企业和厂商所面临的经营环境、政策环境、经济环境、需求环境等方面的不确定性。新冠肺炎疫情之后，人们开始思考未来有可能出现的其他黑天鹅事件所带来的各种不确定性，可以认为，不确定性已经在人类的思维模式上打下了更深刻的烙印，人类必须寻找一条新的出路，来尽可能规避不确定性风险。因此，企业和厂商必须通过不断调整自身的短、中、长期战略，以适应市场可能带来的变化，而作出新的战略决策离不开对数据的高效利用，即数字化成为当前唯一可选择的道路。总体而言，企业进行数字化转型的推动力还源自人们对不确定性的警惕性的增强。

企业数字化转型之路仍然崎岖

一直以来，当大家讨论数字化转型的动力时，企业家们往往会从传统投资收益和风险的角度进行考量：数字化转型的投入产出比有多高？投资回报期有多长？项目的内含报酬率是否高于机会成本？是否存在风险？风险的构成是怎样的？如果数字化项目的投资回报期太长、内含报酬率太低、风险太高，就需要放缓投资的步伐。有学者提供了新的思考角度，对于企业家而言，在进行数字化转型决策时应考虑：如果不转型，损失是什么？缺失数字化战略时，风险是确定的，可以概括成以下 5 个方面：**市场失焦**（企业不知道客户是谁、客户在哪、客户体验如何、客户如何反馈、生产什么、生产多少），**营销失语**（营销人员对谁讲、在哪讲、讲什么、如何讲才有效果），**管理失衡**（从信息化时代到数字化时代，新产品的开发速度跟不上外部的需求变化），**系统失灵**（企业面临前后端、高层中层、不同部门管理的失衡），**增长失速**（不转型所带来的后果是企业增长速度减慢）。

虽然无论从哪个角度来看，企业进行数字化转型都是必然的，但是企业进行数字化转型仍然存在一定阻力，其中最主要的阻力来自企业进行信息化的投入和获得的收益并不是一个平行线。在多数情况下，企业的信息化收益只有跨越了某个临界拐点之后才会呈现指数化的增长，而达到这个临界拐点需要数字化投入量及时间的不断积累，这在相当大的程度上降低了企业数字化转型的速度和积极性。

腾讯布局数字创新，助力后疫情时代的经济发展

后疫情时代，腾讯积极承担社会责任，利用互联网技术助力经济复苏、推动文化创新，为我们展现了数字化应对新冠肺炎疫情及不确定性的强大能力。腾讯集团副总裁、阅文集团CEO、腾讯影业CEO程武表示，"基于互联网技术，连接被以新的形态修复、创造而开创出的数字世界与现实生活紧密融合，为经济社会复苏打下了基础。"

在国内，支撑了80%就业的8000万家中小微商家在疫情早期受到的影响很大，但拥有12亿用户的社交平台微信很快助力商家重新聚集起用户，并通过微信支付帮助他们完成交易；各地政府在疫情中推出的"消费券"也基于微信生态直接发放，精准定位需要扶持的行业和人群，确保发放的高效、透明和安全。此外，在线教育、远程办公、在线医疗、数字文化等行业也在满足抗疫需要的同时取得了长足发展。疫情期间，腾讯教育服务了中国30多个省市的教育主管部门、超过1亿名学生、数百万名老师；腾讯会议在上线8个月后拥有了过亿名用户，并在2020年顺利举办了联合国75周年全球对话活动。

在疫情之下，传统的文化欣赏、交流方式受阻，腾讯选择采用数字化的方式为用户提供了大量在线文化产品，满足文化消费的需求。2020年2月，腾讯与敦煌研究院合作推出"云游敦煌"线上小程序，如图2-4所示，在莫高窟因疫情关闭的情况下，以电子日历、互动配音剧等贴近用户的模式继续文化传播，至今已吸引超过2100万人次观看；腾讯的知名手游"王者荣耀"携手知名历史学家葛剑雄领衔的专家团队，对三国文化精髓进行了专业阐释，并在游戏中进行年轻化呈现。这种传统文化与游戏的崭新结合也备受玩家好评。

图 2-4　"云游敦煌"线上小程序

　　新冠肺炎疫情是数字化的推手，线下的"隔离"和"静止"让企业不得不思考线上的"聚集"和"运动"，而腾讯则是后疫情时代利用数字化成功应对不确定性的优秀典范。腾讯为公众提供了大量数字化解决方案，促进了后疫情时代中国经济的复苏，在规避了不确定环境的同时，能够通过数字化技术，持续精准地捕捉用户需求，培养用户的线上体验、工作和消费习惯，这是中国数字化转型的一个里程碑。

2.3　什么没有变

当全世界都把目光转移到数字化转型上的时候，我们不禁要问，当我们在讨论数字化转型时候，我们其实是在讨论什么？换句话说，从过去我们推行的两化融合、智能制造、制造业与互联网的融合，发展到现在我们所讲的工业互联网、制造业数字化转型，什么变了，什么又没变？

我们讨论数字化转型，并不是在讨论数字化本身。数字化只是解决问题的一种手段和工具，而最终目的是要通过数字化手段解决生产过程中面临的实际问题。在这个过程中，几十年里，我们要解决的问题，以及解决问题的逻辑并没有改变，唯一改变的只是解决问题的方式和工具。

走数字化道路成为各国破解困境的共识

当前，新一代信息技术加速创新、快速迭代、群体突破，第四次工业革命席卷而来，主要工业区日益受到能源、劳动力、产业结构等因素的限制，纷纷遇到发展困境，总结起来可以概括为"四个不可逆"。

（1）**不可逆的人口老龄化**。人口老龄化是经济社会发展进步的必然产物，是不可逆转的客观发展趋势。目前，世界主要工业区都出现了人口增长率下降的情况，老龄化严重。日本 65 岁以上非劳动力人口比例高达 28.4%，已经进入超高龄社会；德国这一数据达到20.4%，位居欧洲第一；中国预计在"十四五"期间达到 14%，进入深度人口老龄化社会。老龄化将加剧适龄劳动者短缺的情况，带来许多新的生存发展问题。

（2）不可逆的经济全球化。一段时间以来，西方一些国家出现了逆全球化思潮，形形色色的保护主义声音不绝于耳，各种排外的主张甚嚣尘上。在全球疫情蔓延的背景下，一些国家为了转移国内矛盾，逆全球化的言行愈演愈烈。国际经贸发展史深刻验证了"相通则共进，相闭则各退"的历史规律，经济全球化是不可逆转的历史大势，为世界经济发展提供了强劲动力。

（3）不可逆的 GDP 增速低迷。近年来，发达国家的 GDP 增长速度平均下降到了 1%，发展中国家下降到了 2.1%，一些国家的 GDP 甚至是负增长的。经济下行是主要工业国家都面临的问题，这种经济下行压力是"新常态"，是在较长时间内很常见的形势，短期内很难看到大幅度改善的迹象。

（4）不可逆的制造业产能过剩。自 2008 年金融危机以后，产能与实际生产能力的差距一直很大，除了个别产品造得很慢、造不出来，90% 以上的产品是过剩的。这就意味着很多企业的产品卖不出去，市场竞争越来越激烈，制造业的利润越来越低，全球制造企业的生存和发展都面临着极大的压力。

全球各主要经济体都在寻找如何摆脱这些发展困境的方法，美国、英国、德国、日本和中国等主要工业国家，都陆续推出一系列国家战略，虽然时间不同、侧重不同，但都不约而同地把目光聚焦到数字化转型领域，有意支持和引导各类市场主体探索数字化转型的新模式、新业态，鼓励开展技术创新和产业应用的行动，为经济发展注入强心剂，加快形成经济发展新的增长点。

世界各主要经济体纷纷出台数字化战略，期望利用数字化转型增强传统产业的竞争力。德国积极践行"工业4.0"，出台《"创新德国"未来一揽子研究计划》，投资科学、研究和未来技术等方面，同时借助《德国人工智能战略》为欧洲人工智能网络的竞争力奠定基础；美国发布《关键与新兴技术国家战略》，在通信和网络技术、数据科学和存储、区块链技术、人机交互等领域构建技术同盟，保持世界领导者地位；欧盟委员会提出了"2030数字罗盘"计划，为欧洲成功实现数字化转型指明了方向；英国发布了《国家数字战略》，旨在进一步推动数据在政府、企业、社会中的使用，并通过数据的使用推动创新，提高生产力，创造新的就业机会；法国发布了《使法国成为突破性技术主导的经济体》报告，遴选出有领先潜力且需要国家集中战略支持的市场，并开发与数字化解决方案相适应的技术和服务；日本发布了《科学技术基本计划》（第六版），适应新形势并推进数字化转型，构建富有韧性的经济结构，在世界范围内率先实现超智能社会5.0；韩国政府提出了《基于数字的产业创新发展战略》，以"数字＋制造业"为核心，提高韩国优势制造业中产业数据的利用率，增强韩国制造业的竞争力。

要解决的问题没有变

"锄头理论"指只顾磨锄头，却忘了种地。无论是推动两化融合、智能制造，还是建设工业互联网平台，其目的都不是为了两化融合而融合、为了智能制造而智能制造，其核心目的都是在考虑如何提高制造业产品质量、生产效率、服务水平和降低成本。这是我们做数字化转型过程一切工作的基本出发点。两化融合、智能制造、工业互联网平台是工具，是种地的"锄头"，而本质上我们是要"种地"。很多时候我们是"只顾磨锄头，却忘了种地"。提高制造业产品质量、生产效率、服务水平和降低成本这些问题是 10 年前、20 年前、30 年前就要达到的目标，不是当下才要达到的目标。制造企业面临的问题可以转化为如何提高资源配置效率的问题，制造业竞争的本质是资源配置效率的竞争。无论是两化融合、智能制造，还是工业互联网平台，其发展的目的都不在数字化转型的当下，其出发点和落脚点都是考虑如何提高制造资源的配置效率。

尽管企业的数字化转型能够很好地解决上述问题，并极大地提高企业的生产效率、市场的资源配置效率及社会的净福利水平。但是在实际的转型过程中，数字化技术与企业的适配性，即人们如何打磨锄头，使其更适合用于种植某块土地，并且人们能够越用越顺手，仍旧影响着能否顺利实现从磨锄头到种地、将数字化植入企业基因的目标。

目前来看，企业在数字化转型中往往面临着 5 个问题：①不愿买。由于管理者综合素质的差异、市场信息的不对称、数字化系统不够完善、经营的保守主义等，所以国内企业的决策层往往对数字化的作用产生质疑。当管理者面对物联网、大数据、云计算、人工智能等新技术是否要被投入并要作出决策的情况时，他们没有被打动，因此不愿意买。②买不到。在数字化时代，现阶段能够高效对接消费者需求，并将数据实时传送至生产端，同时实现数据流在企业内部或行业间自由流动，帮助生产经营决策的数字化系统仍较为缺乏，数字化系统的发展仍处于成长期。一般企业并没有较好的购买渠道，同时也缺乏试错的资本。③买不起。中小企业数字化转型的最大挑战和困惑是数字化投入过高，除了初期数字化系统安装配置的成本，还包括运营过程中招聘高端数字化人才的管理成本。此外，较长的投资回报期和相对不太明朗的转型收益也构成了数字化转型的隐性成本。④用不好。企业投入各种各样的 ERP 系统，但无法做到多个业务系统数据的互联互通，无法进行数据的集成，使得数字化的效率低下。⑤不持续。由于企业内部普遍缺乏较成熟的、具备数字化技能的员工，因此对于企业而言，数字化往往只能成为外部资源，即企业无法将数字化内化为企业的核心竞争力，从而无法做到企业内部数字化系统的持续创新和自我进化，只能跟从外部市场的更新进行被动地迭代。

为了解决企业买不起、用不好和不持续的问题，麦肯锡公司在报告《全球灯塔网络：重构运营模式，促进企业发展》中提出了两个思路：一是打造敏捷的工作模式，二是提高员工的能力技能。打造敏捷的工作模式意味着企业需要基于"敏捷"的原则，坚持快速迭代、快速试错、持续学习，以两周或一个月的时间为周期开发最小可行性产品（具有刚好可以满足早期用户需求的功能，并为未来开发提供反馈的产品），从而分阶段快速推动数字化转型，如果在某个周期内无法推进或出现错误，则可以马上转变方向，避免更大沉没成本的产生。只有当数字化转型的综合试错成本（包括资本投入和时间投入）降低时，广大企业才可能买得起、用得上合适的数字化系统。而提高员工的能力技能意味着对员工采用阶梯式技能提升策略，确保员工始终与转型保持密切联系，并直接参与转型的进程。只有当员工充分理解并成为熟练的数字化劳动者时，数字化才能在企业中持久存续并释放活力，同时借助人类集体智慧帮助企业实现内部数字化不断进行自我进化的目标，从而解决用不好和不持续的问题。

解决问题的逻辑没变

解决问题的逻辑用一句业内共识来概括，就是"数据＋模型"，即我们通过采集更多的数据，可以更好地训练和优化模型，从而加速应用迭代，提供更好的服务。无论是两化融合、智能制造，还是工业互联网平台，人们都在考虑如何通过"数据＋模型"优化资源配置效率，提供更为优质的服务。就是人们如何采集更多的数据，实现物理世界隐性数据的显性化，实现数据的及时性、完整性、准确性，并通过各种模型软件去分析处理，实现数据—信息—知识—决策的迭代，最终把正确的数据、以正确的方式、在正确的时间传递给正确的人和机器，以优化制造资源配置效率，帮助企业作出正确的决策。

➡️ **茶余饭后**

早期基于数据的分析方法

17 世纪初期，开普勒使用数据分析的方法，对天文学家第谷 20 年来观测记录的 100 万条天文数据进行数据解析，计算出"行星绕太阳运动的周期的平方与行星离太阳的平均距离的立方成正比"等开普勒三大定律，修正了第谷体系，完善形成了哥白尼—第谷—开普勒日心说理论体系（图2-5）。

开普勒（1571—1630）
天文学家、物理学家、数学家

第谷（1546—1601）
天文学家、占星学家

太阳系八大行星绕太阳运动的数据

行星	周期/年	平均距离	周期²/距离³
水星	0.241	0.39	0.98
金星	0.615	0.72	1.01
地球	1.0	1.00	1.00
火星	1.88	1.52	1.01
木星	11.8	5.20	0.99
土星	29.5	9.54	1.00
天王星	84	19.18	1.00
海王星	165	30.06	1.00

图2-5 早期基于数据的分析方法

图片来源：网络引用。

目前，"数据＋模型"的解决逻辑往往是碎片化的，即所开发训练的模型往往只针对一组特定的数据，以解决一个特定的问题。例如，对于企业来说，他们会针对财务数据安装一个财务数字系统，用于分析各项财务指标并给出优化方案，而针对客户数据则安装一个客户数字系统，用于分析客户的偏好变化、消费行为特征等数据并给出市场化方案。在该模式下，企业作为一个大系统，各部门间的数据是分散的，无法在企业内部自动地流动，更无法进行数据的集成，这样的模式我们称之为碎片化供给。显然，碎片化供给提供的模型并不是最优的，从经济学的角度来说，碎片化模型是局部均衡的，而非一般均衡的，即有效的数据不能被重复利用并参与到更高维度的建模过程，因此企业和社会的资源并不能被高效率配置。然而，企业之间的竞争是资源优化配置效率的全面竞争，这样的竞争需要在更大范围、更广领域进行全流程、全生命周期、全场景的数字化转型，因此企业有潜在的全局优化的需求：只有全局优化，才能创造更多价值。但是，如今的供给还是碎片化的，两者之间的矛盾需要数字化转型去解决，而全局优化的逻辑也正是数字化转型独特的"数据 + 模型"逻辑。

可以预见，在全局优化形式的"数据 + 模型"逻辑下，制造系统、商业系统会变得越来越复杂，边缘计算、云计算、移动通信等技术将作为基础技术架构参与构建全局优化系统，这个过程也被称为数字化转型 2.0。在数字化转型 2.0 时代，企业面对的是需求端带来的更多不确定性，需要满足个性化定制和碎片化的需求，而作为供给端，为了满足不同的角色、场景和需求，企业需要构建全局优化的开放技术体系，其中不仅要有硬件、软件，还要有运营，要和客户一起，为客户提供更有价值的解决方案。数字化转型 2.0 时代对"数据 + 模型"逻辑提出了更为严格的要求，即更巨量的数据和更快的资源优化频率。

➡ 茶余饭后

灯塔企业——生产力提升和可持续发展

2018 年，世界经济论坛与麦肯锡公司合作启动了"全球灯塔网络"项目。该项目旨在在全球范围内寻找积极投身"数字化制造"和"全球化 4.0"的标杆企业，这些企业率先进行数字化转型，积极重构自身运营方式，以探索第四次工业革命的方向和实现模式。"全球灯塔网络"项目的成立初衷，就是为了照亮整个制造业的第四次工业革命转型之路。在大规模推进转型方面，灯塔网络的 90 个领跑者已设立了新的基准，并有望成为进一步推动可持续发展的力量。截至 2021 年 9 月 27 日，全球灯塔网络成员数量共计 90 家，其中中国企业有 37 家，占比超过 1/3，位居世界第一。

"可持续灯塔企业"为我们提供了大量成功的企业数字化转型案例，

他们不仅实现了第四次工业革命技术的成熟应用，还通过大规模部署先进用例——即先进的"数据＋模型"逻辑，推动了绿色可持续发展。灯塔企业提供了多样的数字化转型思路，不同的企业采用不一样的用例和模型，能够相应地解决本企业或本行业的资源配置效率优化的问题。

事实上，灯塔工厂正在部署多样化的用例：迄今为止，灯塔工厂共计部署了110个用例，有的着眼于单个工厂，有的侧重于打通端到端价值链（图2-6、图2-7）。这些用例都可以被理解为更高级的"数据＋模型"逻辑，即具备更强计算力、反应力、分析力、储存力、联通力、统筹力，且拥有能够不断自我优化、自我进化的数据采集和模型分析机制。

数字装配与加工	数字设备维护	数字化绩效管理	数字质量管理	数字化可持续发展

图 2-6　单个工厂内部的用例

供应网络连接性	端到端产品开发	端到端规划	端到端交付	客户连接性

图 2-7　打通端到端价值链的用例

图片来源：世界经济论坛与麦肯锡公司《全球灯塔网络：重构运营模式，促进企业发展》。

2.4 新生产力：数据力

数据力：新时代的生产力

生产力是人类征服和改造自然的客观物质力量，是一个时代发展水平的集中体现。从"刀耕火种"到"铁犁牛耕"，再到"机器代人"，生产力的变革带来了生产方式、管理方式、资源获取方式的巨大改变，人类社会得以不断获取并支配着密度更高的能量，促进人口数量的激增，重塑人类的社会结构和组织结构。回顾这场变革的历史画卷，采集狩猎经济时代绵延 20 余万年，农耕经济时代持续了上千年，而工业经济时代至今仅用了短短 260 余年（图 2-8）。新生产力的不断崛起和更迭，以人类无法想象的速度推动人类社会的变迁。时至今日，生产力变革似乎已经触及人类文明的天花板，然而事实却是，这并非是变革的结束，而可能是变革的开始，一个全新的数字经济时代正悄然到来。

项目	第一次工业革命	第二次工业革命	第三次工业革命	第四次工业革命
持续时间	105年	99年	50年	?
核心国家	英国	德国、美国	美国	?
关键人物	瓦特	西门子	戈登·摩尔罗伯特·卡恩	?
上帝视角	牛顿定律	麦克斯韦定律	摩尔定律	?
核心技术	蒸汽机	发电机、内燃机	集成电路、互联网	数据+算力+算法
基础设施	公路、桥梁、港口	高速公路、铁路、电网、管道	交通网、能源网、通信基站、互联网	5G基站、数据中心、数据中台
明星行业	纺织业冶铁业	电力、钢铁石化、汽车	信息通信、软件服务	数据服务、智能服务
财富巨商	阿克莱特纺织厂	美孚石油公司西门子公司卡耐基钢铁公司福特汽车公司	谷歌、苹果、亚马逊、Facebook、阿里巴巴	?

图 2-8 历次工业革命对比

图片来源：作者自绘。

约瑟夫·熊彼特[①]认为，所谓创新就是要"建立一种新的生产函数"，就是要把一种从来没有的关于生产要素和生产条件的"新组合"引进生产体系中，包括引进新技术、引进新产品、开辟新市场、提供原材料或半成品的新供应来源。在数字化时代，"数据力"将成为这个时代的新生产力。

巨量数据：数据成为生产力的基本前提

随着云计算、大数据、5G、人工智能等新一代信息通信技术快速发展，数据呈现爆炸式增长。数据成为继土地、劳动力、资本、技术之后最为活跃的生产要素，数据流通过带动资金流、人才流、技术流、物资流，成为推动经济高质量发展和改善人民生活的基础性、战略性资源。大数据以海量、多维的数据作为关键生产要素，以大数据技术产品和应用为核心内容的新兴技术和产业，是推动生产方式变革、生产关系再造和生活方式改变的重要抓手，是实现稳增长、促改革、调结构、惠民生和推动政府治理能力现代化的内在需要和必然选择。

（1）**5G 加速提升数据汇聚**。5G 技术为数据的大规模、低时延传输提供了通信保障。我国在 5G 建网覆盖规模上处于世界领先地位。截至 2022 年 7 月，我国已累计建成开通 5G 基站 196.8 万个，覆盖全国所有地级以上城市的市区、97% 以上的县区及 50% 的乡镇地区。中国拥有全球最多的 5G 基站，数量约占全球的 70%。5G 终端用户

[①] 约瑟夫·熊彼特（1883—1950 年），美籍奥地利经济学家，当代资产阶级经济学界主要代表人物之一，被誉为"创新理论"鼻祖。其代表作有《经济发展理论》《资本主义、社会主义和民主》。

达 4.75 亿户，占全球 80% 以上；5G 应用创新案例超过 1 万个，覆盖 22 个国民经济重要行业。

（2）**云计算释放数据潜力。** 云计算承载着对多媒体、移动、社交、消费、医疗、政务等各类数据的存储、管理和分析功能，并逐步发展成企业数字化战略的核心。中国云计算走过了 2006 年到 2010 年的初步成形期、2010 年到 2015 年的快速发展期、2015 年到 2020 年的应用推广期，如今已经步入成熟期。赛迪顾问报告的数据显示，2021 年中国云计算总体处于快速发展阶段，市场规模达 3229 亿元，较 2020 年增长 54.4%，且预测未来 3 年仍将保持高速增长，预计到 2023 年市场规模将达 3670.5 亿元。2021 年后，随着超性能计算、无服务器、容器等前沿创新技术的快速融合演进，上云的数据量将呈指数级增长。

（3）**智能激活数据活性。** 大数据技术对海量数据进行采集、加工、整合，与人工智能、区块链、云计算等新一代信息技术融合发展，推动经济社会全面数字化、智能化。"十三五"时期，我国大数据产业快速起步。据测算，大数据产业规模年均复合增长率超过 30%，2021 年超过 1.3 万亿元，大数据产业链初步形成发展取得显著成效，逐渐成为支撑我国经济社会发展的优势产业。在网络基础设施的支撑下，我国已建成全球规模最大的光纤网络和 4G 网络，5G 终端连接数超过 2 亿个，位居世界第一，释放了大数据的更多价值。

数据应用：数据成为生产力的实现路径

在今天这个信息时代，数据是成功的关键因素。然而，获得正确的数据并能够对其进行分析，以获得关键和准确的见解是至关重要的。正如爱因斯坦曾经说过的那样："并非能考虑到的事物都重要，而所有重要的事物都在我们的考虑之内。"从数据到知识，算法、工业软件、人工智能都是必不可少的基础设施。

（1）**算法架起从数据到知识的桥梁**。智慧是一个知识流，在形成智慧的知识流动链中，先有数据这个未加工的、客观的事实，数据经过加工变成信息，人们再加以鉴别才成为知识，人们把知识应用到行动当中，就会变为智慧。数据本身并不必然意味着大的价值，数据是资源，要得到资源的价值，就必须进行有效的数据分析。有效的数据分析主要依靠算法来实现。数据是静态的，算法则是在数据的变化运动中产生的。世界上任何一种事物，都可以通过数据和算法来描述；世界上任何一种事物，并非仅靠数据或者仅靠算法就能对其进行描述。

（2）**软件定义数据到知识的规则**。所谓软件定义，就是用软件去定义硬件的功能，用软件为硬件赋能。软件定义生产流程，打破传统的"设计—制造—测试—再设计"的过程，重构一个与实物制造相对应的虚拟制造空间，实现研发设计、仿真、试验、制造、服务在虚拟空间中并行，通过软件定义设计、产品、生产和管理等制造全环节的方式，推动制造过程快速迭代、持续优化和效率提升。在工业革命300年的历史进程中，控制装置系统作为技术完备系统（动力装置、传动装置、执行装置、控制装置）重要的子系统之一发展最为迅猛，从珍妮纺织机到继电器开关，从电流调节器到数控机床，从嵌入式控制到基于云平台的远程控制，控制系统在核心技术上走过了一条"机械→机电→电子→数字→软件"的技术发展路线，软件技术的发展促使装备控制模式完成了从物理控制到数字控制的革命性变迁。可以说，软件生产已成为人类最基础、最重要的生产方式，"芯码力"成为人类文明进步的最新动力。随着算法的进步，智能化水平越来越高，软件必将持续对人们的衣食住行的方式产生重要影响。

（3）人工智能加速数据到知识的转化。第一代人工智能以数据、算力和算法三驾马车著称，在这个阶段，人工智能依赖专家的经验和知识进行显示的符号表示和逻辑推理，取出模拟人类的一些智能行为，去解决一些推理规划和决策类的问题。

1971年，斯坦福大学建立的专家系统，通过将医生诊断的过程作为推理机制放进计算机，并以此来诊断血液传染病。由于内科医生都不是专业的传染病专家，因此这样的计算机辅助系统可以帮助医生做诊断。人工智能最具代表性的成果，就是IBM推出的深蓝国际象棋程序，它在1997年打败了当时的世界冠军卡斯帕罗夫。它具有知识和经验，因为它已经学习过700000盘象棋大师下过的棋局。此外，深蓝采用了 $\alpha - \beta$ 剪枝算法，同时还有IBM为它提供强大算力，使它能够以平均每秒8～12步的速度进行"思考"，这远非人类象棋大师能做到的。

第二代人工智能，即人们目前广泛接触到的基于深度学习的人工智能，这一代人工智能最主要的特点就是数据驱动。从第一代人工智能和第二代人工智能的成就来看，AI 经济进入了一个高速发展期，我们现在称之为第三代的人工智能，就是把第一代的知识驱动和第二代的数据驱动结合起来的新一代人工智能。

数据应用：数据成为生产力的经济价值

（1）大数据催生了新的制造模式。C2M（用户直连制造），是指用户直连制造商，即消费者直达工厂，强调的是制造业与消费者的衔接，也可理解为用户定制模式。该模式基于互联网、大数据、人工智能、工业互联网等新兴 IT 技术，以及通过生产线的自动化、定制化、节能化、柔性化，运用庞大的计算机系统随时进行数据交换，按照用户的产品订单要求，设定供应商和生产工序，最终生产出个性化产品。基于 C2M 模式，在生产环节能够按需求生产，用户先下单，工厂再生产，没有库销比，消除库存顽疾；在流通环节，用户直接跟工厂连接，跳过了品牌商、代理商、销售终端等渠道，因而可以实现对中间成本的节省；在消费环节，用户个性化需求直接送达工厂，实现供给端、需求端有效匹配，进而优化成本、降低价格并增强消费者的体验感。

（2）大数据衍生了新的经济形态。互联网、大数据、人工智能等新技术和共享经济的兴起，导致常规的工作概念边界越来越模糊，自由职业的从业门槛越来越低。劳动力市场发生蜕变，诸如应急、应招、临时、兼职、计件和"零小时合同"属性的零工市场不断涌现。越来越多的劳动者开始通过网络平台打零工，"互联网＋零工经济"应运而生。"零工经济"指的是区别于传统"朝九晚五"，采用时间短、灵活的工作形式,利用互联网和移动通信技术快速匹配供需方的经济。零工经济是共享经济的一种重要的组成形式,是人力资源的一种新型分配形式。零工经济是由工作量不多的自由职业者构成的经济领域,利用互联网和移动通信技术快速匹配供需方,主要包括群体工作和经应用程序接洽的按需工作两种形式。"零工经济"这种新业态正席卷全球。数据显示,在美国和欧洲,有10%~15%的适龄工作人口通过打零工谋生,还有10%~15%的人把打零工作为主业之外的副业,实际参与零工的人数超过1.6亿人。2021年,据人社部公布的数据,中国灵活就业人员规模达2亿人左右。

（3）**大数据孵化了新的职业岗位**。2020年2月,"人工智能训练师"正式成为新职业并纳入国家职业分类目录。数据采集和标注是人工智能训练师的主要任务之一。数据标注师的工作是教会AI认识数据,只有认识了足够多、足够好的数据,AI才能学会像人一样去感知、思考和决策,更好地为人类服务。数据标注基地业务全方位覆盖了无人车、语音、人脸、图像、NLP、地图测绘等数据类型的标注和加工处理服务,成为建立新型人工智能基础设施的底层支撑,提升智能交通、智能地图、智慧医疗、智慧城市等领域的智能化升级速度。随着人工智能的普及,数据标注师的人才缺口随之增大。然而在大量需求的背后,面临的却是人才的缺失的问题。数据标注看似简单,却并非一项可以轻松完成的工作,只有培养出更多专业的数据标注人才,才能在推动AI发展的道路上迈出坚实的步伐。

青岛啤酒：客户专属的私人酿酒师

青岛啤酒是中国第二大、全球第六大啤酒生产企业。面对消费者日益攀升的个性化、差异化和多元化需求，青岛啤酒采用了新型商业模式，在整个价值链上下游重新部署了智能数字化技术，从而实现了对客户体验、产品研制及分销的优化（图2-9）。具体来看，青岛啤酒主要从以下4个节点引入了数字化技术。

图2-9　青岛啤酒

图片来源：网络引用。

（1）客户互动：开发产品外包装的差异化需求数据集成系统，推出业内首个在线定制平台，为B2B和B2C销售渠道提供定制化包装，满足客户的个性化偏好。客户可以通过"青岛啤酒私人订制"微信公众号进行自定义设计：首先，客户需要选择一个由青岛啤酒预设的主题元素，然后将自己想要定制的文字、图片或者logo添加到设计稿中，进行简单排版后即可提交。

（2）产品开发：锁定影响产品流行度的主要元素并预设最为流行的主题元素（如毕业、纪念日、节日、国风、企业logo、个人文学等），深入刻画每款产品的细节部分，识别驱动客户需求改变的要素，实现按需开发。

（3）生产：采用柔性生产模式，利用高度灵活的生产线，采用全数字化生产控制系统，实现需求端数据的即收即产，在同一条生产线上生产多种差异化产品；采用自动质量管理系统，实现从原材料采购到成品分销的端到端自动质量监控，产品数据随供应链流动，保证产品的质量合格。凭借柔性生产模式和自动质量管理的双重加持，青岛啤酒实现了快速、灵活、低成本、高质量的小批量差异化产品生产，真正实现了数据的综合利用和资源整合。

（4）分销：优化供应链规划体系，引进一流的供应链分析引擎，提升分销效率，缩短交付时间；使用人工智能技术进行端到端的规划，快速高效地满足客户需求（图2-10）。

图 2-10　青岛啤酒数字化转型的积极效应

图片来源：世界经济论坛与麦肯锡公司《全球灯塔网络：重构运营模式，促进企业发展》。

借助数字化赋能的柔性制造体系，青岛啤酒缩短了交付时间和生产调度时间。青岛啤酒精准预判需求走向后，产品变化次数减少，OEE（设备综合效率）得以提升。得益于大规模定制和B2C在线订购，最低起订量降低了99.5%（最低15箱即可起订）。通过加强对客户偏好的认知和响应能力，青岛啤酒不仅实现了真正意义上的增长，还提升了其品牌偏好度。

试看今日，数字化已然成为一面崭新的旗帜，在世界各国的天空中迎风飘扬。一场突如其来的新冠肺炎疫情，让人们不再犹豫。我们清楚地知道，数字化的方向已经明确，数字化的技术已经成熟，数字化的需求已经爆发，现在正是全面推行数字化最好的时机，谁主导了数字化的进程，谁就真正拥有明天。在数字化的角力场上，世界大国是最主要也是最重要的参与者，除了中国，美国、德国、英国、日本等世界强国也纷纷吹响了向数字化进军的号角，有的国家凭借其领先世界的科技优势和资本优势，带头冲锋，一马当先；有的国家凭借其强大的工业影响力，向全世界输出数字化理论、标准和产品，抢占市场份额，可谓老谋深算。总而言之，数字化已不再是一家之言，让我们一同跨入各国的大门，掀开各国数字化竞赛的神秘面纱。

种一棵树最好的时间是十年前，其次是现在。

第三章

大国的数字竞备

命运不是机遇，而是选择。

——阿尔文·普兰丁格

站在历史的阶梯上，面对一扇开启数字化的大门，大国会作出怎样的选择、迈出怎样的步伐？回顾历史、研判当下、展望未来，我们以这样的视角去观察大国的数字抉择。"一马当先"的美国手握高科技优势、高举先进制造的大旗，正在重塑数字时代制造业的竞争能力，力图长久保持遥遥领先的地位；"老谋深算"的德国似乎就要消失在互联网浪潮中了，却突然华丽地推出了工业4.0，一举抢跑数字化赛道；"不甘掉队"的英国牢牢抓住高价值领域，用产业金融、知识产权、数智服务掌握数字化竞争的主动权；"步履蹒跚"的日本以工匠精神为信仰，面对老龄化的现实加快前沿信息技术的布局，加快老、中、新的蜕变；"寂寞难耐"的印度依托软件服务和"硅谷掌门人"的身份，打造数字化竞争的"软"实力。大国竞争，序幕已启，数字时代，未来已来。

3.1 "一马当先"的美国

作为全球唯一的超级大国,美国有着无与伦比的超级底蕴,从铁路、工厂到国际巨头企业,这些都闪耀着美国的荣誉。然而,近30年来持续加剧的产业空心化让美国的产业创新力、科技主导力持续走弱。未来之路该如何选择,美国如何保持自身"一马当先"的优势,其打造的先进制造之策如何落地? 我们一起看看美国的过去、现在和未来。

超级大国的超级底蕴

"我来自阿拉巴马,带上心爱的五弦琴",19世纪初,美国成千上万的农民、海员、士兵、公务员、传教士高唱着这首《哦!苏珊娜》,直奔加利福尼亚的阳光海岸。淘金热拉开了浩浩荡荡的西进运动的序幕,也为美国工业化和城市化注入了一剂强心针。南北战争后,来自欧洲的电报、汽船、炼钢技术在美国迅速普及,终于在1894年,美国制造业总产值超过了"日不落"帝国成为世界第一。直到今天,美国作为世界第一大经济体仍具有绝对优势,从铁路、工厂到国际巨头方面都可以看出来。

(1)"基建狂魔1.0"是美国。1916年,美国铁路里程达到了40.6万千米的巅峰,几乎覆盖了美国本土的每一个角落。虽然后来拆除了大量经营状况恶化的路段,但是到2021年,美国依然拥有25万千米的铁路网,货运铁路里程占总网络里程的80%左右,美国的货运铁路是当之无愧的世界第一陆上货运系统。1931 年建成的纽约帝国大厦，高达 381 米、共 102 层，这座摩天大楼平均每周被完成惊人的 4 层半的高度，可谓是一百年前的"基建狂魔"。相比之下，不断延伸的中国铁路网在 2020 年年底达到 14.6 万千米，在铁路货运方面仍难以望其项背。

（2）"世界工厂 1.0"在美国。1913 年，亨利福特建立了全球第一条汽车生产流水线，福特 T 型车从上市到停产的 18 年间售出超过 1500 万辆，使美国成为"车轮上的国家"。20 世纪初，卡内基钢铁公司成为世界上最大的钢铁企业，钢铁年产量超过英国全国的钢铁产量。第二次世界大战期间，美国平均每天生产 130 架飞机、100 辆坦克，平均每 3 天生产一艘军舰，平均每 7 天生产一艘航母。从"珍珠港事件"到第二次世界大战结束，美国建造了 147 艘航母，零头都能碾压世界其他国家之和，世界工厂的战争潜力令世界震惊。

（3）"国际巨头"源自美国。第二次世界大战期间，美国巨头企业奠定了当今世界的统治地位。通用电气为军方提供了大量的军舰和喷气式发动机，至今仍是该领域的领先者，其生产的雷达系统、无线电通信设备等，为战后的收音机、电视机的民用推广奠定了技术和实践基础；洛克希德、波音公司生产的 P–38"闪电"战斗机、B–29"空中堡垒"轰炸机是美军的名片，也使波音公司成为世界上最顶级的飞机制造商；杜邦公司承担了美国原子弹所有设计、施工和安全运营的业务，如今业务涉及所有生活领域；第二次世界大战期间美军所需的合成橡胶最主要的贡献者是陶氏化学，陶氏化学沿着石油化工产业链逐渐延伸业务，2015 年和杜邦合并成为全球第二大化工企业。战争中吸收的一批顶级科学家更是让美国如虎添翼，一举奠定了美国的霸权地位。

（4）两次挑战但有惊无险。第一次挑战是美国受到来自苏联的威胁，1975 年苏联国力鼎盛，GDP 达到了美国的 50% ~ 60%。冷战期间，美国从政治、经济、军事、文化全方位对苏联加大遏制，同时苏联内部产业失衡、意识形态瓦解，在内忧外患的情况下最终走向了解体，美国大肆宣扬赢得了"历史的终结"。如果说美国对苏联的遏制带有两大社会制度碰撞的意味，那么对盟友日本的封杀，则是第二次对挑战者毫不留情地痛下杀手。战后美国对日本的直接经济援助及朝鲜战争、越南战争期间的军事订单使日本经济一飞冲天，到了 20 世纪 80 年代，日本甚至开始"收购美国"，几乎买下了整个夏威夷，控制了美国各行业的大量资产，1995 年日本的 GDP 一度高达美国的 69.6%。日本经济的腾飞早已引起了美国的警觉，一纸"广场协议"令日本的经济一蹶不振，美元大幅贬值导致日本国内房产市场泡沫破裂，让日本"失去"了 20 年。

➡ **茶余饭后**

美国工人的"再生父母"

1928 年，美国贫富差距达到历史顶点，前 1% 的富豪占有全国将近一半的财富，如图 3-1 所示，社会消费能力不足迅速恶化为滞胀，使美国陷入长达 4 年的大萧条，失业、饥荒、自杀、犯罪蔓延全国。

第二次世界大战结束后，苏联成为世界无产阶级的灯塔，工人们也可以组建强大的军队，建立自己的国家，承载着世界知识分子、工人和农民对于新世界新生活的理想。美国为了抵抗共产主义浪潮的冲击，维护社会稳定，对富人征税的税率在 20 世纪四五十年代一度高达 90%，资本家将国家财富增长的红利几乎全部让渡给了工人，真正实现了家家一户房，人人一辆车，年年出国游的"美国梦"。

然而苏联解体后，没有苏联带来的意识形态的对抗，美国资本家们开启了新的一轮剥削，工人待遇一落千丈。30 年后，美国上层阶级的财富增长惊人，而普通人的生活几乎没有什么改变，大部分美国平民生活水平还停留在 60 年前。

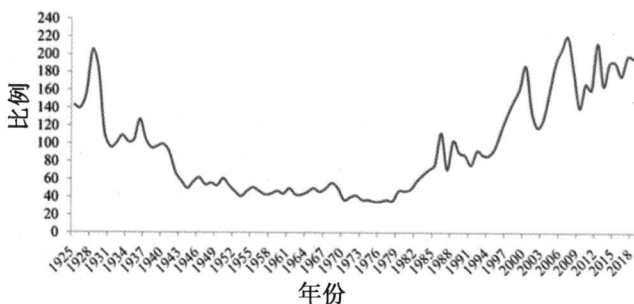

图 3-1　美国最富有 10% 人群收入与底层 10% 人群收入之比

资料来源：Wind，东吴证券研究所。

前所未有的新挑战

1894 年美国问鼎全球时，中国还笼罩在甲午战争节节败退的阴霾中，"此日漫挥天下泪，有公足壮海军威。"2009 年中国制造业总产值超过美国，2021 年中国 GDP 达到美国的 80%，再度跨越了美国的"红线"，这在美国看来，中国已经是一个极大的威胁。美国承认，近几年来中国经济增长潜力和速度均远大于历史上的日本和苏联，美国感到遇见的是一个空前未有的敌手。中国经济实力可能会超过美国，科技创新水平与日俱增，越来越多的华裔顶尖人才回流，外籍科学家相继投奔中国。于是，自 2017 年年底以来，美国政府的"中国威胁论"甚嚣尘上，美国政府发表的若干个报告中给中国贴上"最严峻的竞争对手""新极权主义""野心勃勃的干涉主义"等标签，在国际舆论上施压、诋毁、指责中国，对华的敌意显而易见并且深化至各个领域。

5G 之争，实则科技主导权之争。美国司法部长威廉·巴尔在"中国倡议会议"上做了 2020 年的主题演讲，与会人员来自美国司法部、美国联邦调查局（FBI）和美国国家安全委员会及企业界。在此次主题演讲中，学法律出身的巴尔并未提到国际瞩目的"孟晚舟案"，而着重强调基于相互竞争的政治和经济理念，中国已经成了美国的头号竞争对手。中国技术的发展和推广已经在全世界范围内形成趋势，对美国构成了前所未有的威胁。

中国已经在 5G 领域占据了领先地位，这是近代历史以来首次由美国以外的国家引领下一代科技。中国如果占据 5G 发展的主导地位，那么将带来高达 23 万亿美元的新工业经济，更重要的是，中国有能力通过新型基础设施，使各国消费者和工业所依赖的通信设备失效，而这正是美国在全球挥舞制裁大棒时使用的手段。美国作为世界霸主，百年来养尊处优，如今面对华为等中国科技企业崛起的局面，必然要以国家安全、技术剽窃等为由对其进行贸易制裁。

工业互联网联盟（Industrial Internet Consortium，IIC），依靠市场巨头的努力近乎无疾而终。2014 年，美国通用电气联合 AT&T、思科、IBM 和英特尔发起了美国工业互联网联盟，时至今日，这五家初创单位已经全部离开联盟。工业互联网联盟的兴衰可以分为三个阶段：初创期、动荡期和收缩期。

在 2014 年的初创期，通用电气利用自己创造的工业互联网概念，邀请 AT&T、思科、IBM 和英特尔四家公司一起，共同出资发起了影响力巨大的 IIC，这五家企业也是美国信息技术和工业领域的骄傲，其也通过美国创新网络计划获得美国政府的数字化项目支持。2015 年，IIC 发布工业互联网参考架构，随后又发布了一系列的白皮书、数字化转型工具和产业最佳实践，一时之间，IIC 成为全球数字化领域最具影响力的联盟，也成为中国工业互联网先驱们取经学习的重要渠道。

2017 年之后，IIC 进入了动荡期。通用电气工业互联网平台开始经营困难，首当其冲的 IIC 迅速开始谋求突围。一是寻求联合，2019 年，IIC 和 OpenFog 联盟宣布合并运行，研究建设雾计算、边缘计算、设备接入等方面的架构标准；二是吸纳新的愿意出资的创始成员（最高级会员单位），博世、思爱普（SAP）和华为为了提升国际化水平加入 IIC 创始成员。然而，这些措施并未扶大厦之将倾，由于这个商业性的联盟缺乏变现模式，博世和 SAP 很快从联盟中抽身，所以华为和其他中国机构占据较大份额。随后中美之间的贸易摩擦、科技之战接踵而来，导致 IIC 在美国难以被业界认同。

目前，IIC 进入收缩期，悄然更名为"美国工业物联网联盟"（图 3-2）而缩写不变（IIC, Industry IoT Consortium），创始成员包括 AASA、华为、MITRE、微软、普渡大学工程学院、东芝。联盟从系统探索数字化转型方法，转而下沉聚焦边缘计算和数据可信等点状领域。曾几何时，通用电气 Predix 平台试图通过"百分之一"的力量变革工业，然而自从它自身经营出了巨大问题后，美国依托市场巨头主导全球数字化转型的理想已经不能实现了。

图 3-2　IIC 悄然更名

图片来源：网络引用。

产业空心化的趋势，是新挑战的根源。无论是 5G 的忧心忡忡，还是工业互联网联盟的惋惜叹气，其背后的根源是近 30 年来的产业空心化问题。过去 30 年来，美国本土的制造业生态系统一直在萎缩。美国大部分科技公司包括微软、苹果、亚马逊、谷歌等公司本身并不生产任何电子设备，公司旗下的硬件产品绝大多数也都外包给亚洲的代工厂。美国消费者使用的日化、服装、电子、玩具等商品极度依赖进口。作为曾经的世界工厂，美国同样拥有完整的工业体系和供应链系统，而在资本胁迫下的美国企业强调季度收益，通过"轻资产"运营降低风险，驱使制造业产能大规模流向外国，而非通过数字化转型实现大范围的提质降本增效，改善工人生产条件和收入。

21 世纪以来，美国有 60000 余家工厂关闭，2000 年至 2018 年，美国制造业的就业人数从 1730 万人下降到 1267 万人，失去了近 1/3 的制造业就业岗位。即使在奥巴马和特朗普任期内持续推行"重振制造业战略""美国优先"战略，促进制造企业回流，仍然难以挽回制造业规模下降的局面。产业空心化引发了严重的社会问题，因为制造业是高中毕业的男性通往中产阶层的重要通道，产业空心化导致美国中等收入人口减少，不公平现象增加，产业空心化所带来的技术载体、人才乃至社会结构的变化越发凸显，产业空心化也成为美国当下竞争挑战的最根本原因。

制造业的未来，锚定先进制造

美国制造业大力发展先进制造业，维持尖端技术的统治地位。先进制造的布局可以概括为"智能制造 + 未来制造 + 先进 ICT+ 工业服务"，以及由此形成的制造创新网络。

（1）智能制造。美国虽然在制造业规模上已经无法与如今的世界工厂中国相提并论，但美国从未放弃高端制造业。在航空发动机、芯片、精密机床的背后，是美国雄厚的智能制造工业基础。智能制造得到了美国政府、企业各层面的高度重视，绝大部分核心技术和部件都可以自主研发和制造。在政府层面上，美国启动了一系列计划和项目，针对基于模型的系统工程（MBSE）、信息物理系统（CPS）、工业机器人、先进测量和分析、系统集成等智能制造关键要素的发展进行系统支持。在技术上，美国特别突出了互联网、机器人和增材制造的作用，终端产品制造商的广泛参与加强了政府智能制造项目的研发目的性和应用可行性。

（2）未来制造。早在 2012 年 7 月，AMP 1.0 发表了《获取制造业国内竞争优势》的报告，报告提供关于先进制造优先技术的辨识研究，按照一套系统方法为 AMP 建议了十余个优先技术方向，其中先进材料设计、合成和处理，可持续制造，纳米制造，生物制造及生物信息学，先进成型及接合技术等均瞄准了未来制造模式。2013年，美国空军研究实验室（AFRL）授权柔性技术联盟（FlexTech Alliance）发起了一个新纳米生物制造联盟，主要目标是汇集纳米技术、生物技术、添加剂制造和柔性电子技术方面的一流研究人员建造原型监测设备，依托未来制造模式打造超性能产品。2019 年 7 月，NASA向 Made In Space 投资 7400 万美元，目标是在 2022 年发射一颗名为 Archinaut 的卫星，让其具备在轨道上制造和组装大型机械的能力，这项投资体现出 NASA 对太空制造的支持。无独有偶，老牌军工企业洛克希德公司也提出将太空制造 ZBLAN 作为空间站商业化的起点，一个尚未开发的方向是药品生产方向，微重力的疾病加速效应也可能让国际空间站成为一个测试空间，团队希望在太空环境里用器官芯片（organs-on-chips）进行相关药物的测试。

（3）先进 ICT。美国太空探索技术公司（Space X）计划在太空搭建"星链"（Starlink，图 3-3），由约 1.2 万颗近地卫星组成的巨型卫星群，为地球上任意角落提供移动互联网服务。目前，Space X 已为"星链"计划发射了约 2000 颗卫星，为全世界 25 个国家的14.5 万名用户提供服务。2022 年 5 月 22 日，阶段性的测速结果显示该服务下载速度能够达到 301 Mbps，与我国 5G 用户的平均下载速度相仿。Space X 后续准备在原有"星链"计划上再增加 3 万颗卫星，使卫星总量达到约 4.2 万颗。在俄乌战场上，"星链"系统成为乌克兰指挥系统的生命线，它能够满足较低的地面中继站的需求，使乌军遭受炮火时仍然能与指挥系统保持联络，而且它能够支持士兵进行遥测数据分析，将终端上传的图片、视频处理为炮击坐标，使无人机、火炮进行高效的打击。更令俄罗斯头疼的是，"星链"在对抗卫星信号干扰时，只需更新软件代码即可快速地恢复通信信号。西方军队根据这场战争的经验，将大量采用"星链"来应对未来战争。

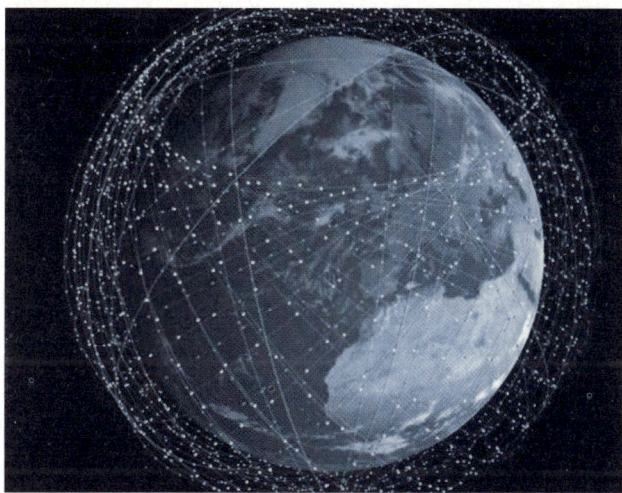

图 3-3 "星链"计划构想图

图片来源：网络引用。

（4）工业服务。2019 年美国的制造业产值为 2.36 万亿美元，占本国经济总量的 11%，服务业占本国经济总量的 81%，实际上，在美国的服务业中，一大半都是为制造业服务的生产性服务业，因此美国制造业及相关工业服务的产值实际占美国经济总量的比重超过60%。美国将基础、廉价的制造业务转移到了发展中国家，保留了制造业中高附加值的生产性服务业，包括研发设计服务和其他技术服务。例如，Autodesk、PTC 是计算机辅助设计（CAD）领域全球龙头企业，Ansys、Altair、MSC 等企业主宰全球工程设计中的计算机辅助工程（CAE）软件。Salesforce 提供客户关系管理（CRM）服务，并开创了 SaaS 服务模式。Uptake 专注于设备运维领域，建立了全球最全面的工业设备故障数据库，实现高效的预测性维护。

（5）四者耦合的先进制造网络。2019 年《美国将主导未来产业》报告重点关注人工智能、5G、量子信息技术和先进制造业等方面；2020 年《关键和新兴技术国家战略》报告强调科研领先在国家安全战略的重要地位，确定了 20 个优先发展的技术领域。美国国防部、能源部和商务部牵头成立的国家级先进制造研究机构，构成了美国国家制造创新网络（NNMI），逐步设立了 16 个先进制造研究所，将美国产业界、学界和联邦政府部门联系在一起，共同推进美国制造业关键基础技术的研究，将美国强大的基础科研能力应用于制造业技术创新，保持制造业的竞争力。

3.2 "老谋深算"的德国

德国前有铁血宰相俾斯麦，挑起三次对外战争从而对内完成了德国的统一，后有在俄乌战争中，借助对乌克兰的援助而重振德国的军工实力。"老谋深算"的德国，总是能够在国际力量的博弈间纵横捭阖。然而，这个电气时代的佼佼者似乎在数字时代有些力不从心。令世界拍案叫绝的"工业4.0"，是制造业的未来还是商业炒作？孕育了众多工业巨头的德国能否在数字化变革中继续独树一帜？让我们看看德国在这个时代的困局和破局。

抓不住的"互联网"

"德国仍是数字化的发展中国家"。追溯到20世纪80年代初，施密特政府决定在全国部署光纤基础设施，但直到今日仍停滞不前。在数字基础设施建设方面，德国的问题主要表现在三个方面。其一是德国光纤覆盖进程颇为迟滞，截至2017年年底，光纤网络覆盖率仅有2%，与经合组织（OECD）国家平均水平的22%相差甚远，网络运行速率相对较低，在34个国家中排名倒数第六，固定宽带的平均速率竟不及韩国的一半。其二是德国4G网络发展相对落后，用户渗透率远远低于经合组织国家的平均水平。其三是城乡数字化发展不均衡，到2017年，50兆宽带家庭覆盖率在城市为90%，而在农村仅为36%。新冠肺炎疫情期间网络教学状况的不尽如人意也暴露了德国数字化基础设施严重落后的情况。这一切制约着德国的数字化发展进程，使德国成为数字时代的"离线者"。

→ 茶余饭后

"灯下黑"布伦舍德

德国西部的小村庄布伦舍德（图3-4），距离人口最稠密的鲁尔区仅有60千米。该地20多年来几乎没有手机信号，村民为了发一条短信必须从森林边缘爬到山顶，而在下雨的时候则完全变成了"信号黑洞"。在宽带问题上，每家都安装了圆盘式卫星电视天线，但打开一个网页要等上几分钟。

由于数字基础设施落后，所以当地居民无法通过互联网报税，网银无法使用，甚至当发生严重意外事故时，他们也难以通过电话及时求救。许多年轻人不堪忍受没有网络带来的不便而离开了此地，如今仅有14户居民共68人还守在该村庄。

图3-4 布伦舍德

数字基础设施落后不仅给德国人的生活带来不便，还难以优化其市场资源配置效率。数字化联网程度低会导致大多数企业不能有效地与客户和供应商进行数据对接，进而影响生产效率和企业成本。机械和设备工程协会（VDMA）的调查显示，211家被调查企业中没有生产联网的中小企业占比为29%、与客户联网程度很低和较低的中小企业占比为 49%、与供应商的联网程度很低和较低的中小企业占比更是高达 69%。此外，德国联邦统计局公布的数据显示，10 人以上规模的企业中还有 58% 的企业网速低于每秒 30 兆比特。德国中小企业常常无法提供正常的办公室网络而导致办公效率低下，无法为消费者提供流畅的产品和服务。相比来看，丹麦 10 人规模以上的企业中有 73% 已签订了网速高于每秒 30 兆比特的长期上网协议，在欧盟国家中排名第一。

虽然德国政府为推进数字化发展早有举措，但很多人对数字化风险的担忧远大于对其带来的机遇的青睐。例如，早在默克尔上台之初，德国政府便计划了信息通信技术的发展战略，但众所周知，欧盟群体比较注重个人隐私，因此有学者认为，欧盟的互联网产业发展之所以极为缓慢，可能与他们对网络数据的严监管有关。2018 年 5 月，欧盟史上公认最严格的数据管理法规——欧盟《通用数据保护条例》（GDPR）正式生效，该法规对欧盟的个人信息保护和监管更是达到了史无前例的高度，并同时适用于欧盟公司及与欧盟公民信息有关联的非欧盟公司。总的来看，它将影响全世界数据的使用和流通，改变全球网络生态，德国更是基于《通用数据保护条例》率先改革了早在 1977 年便出台的《德国联邦数据保护法》。

工业 4.0：一个卖给世界的概念

在 2013 年德国汉诺威工业博览会上，德国政府首次提出"工业 4.0"的概念，鼓动起全球范围的智能制造升级改造的热潮，业内专家开始冠以"第四次工业革命"的称号。随后,埃森哲提出"工业X.0"制造业数字化转型服务体系,该概念包括智能工厂、智能生产和智能物流三大主题,企业利用信息物理系统将生产中的供应、制造、销售信息数据化、智慧化,最后达到快速、有效、个性化的产品供应效果。

2017年11月,埃森哲发布最新《工业X.0白皮书》,"X"作为未知数,代表物联网、大数据、云计算、人工智能、区块链和量子计算等新技术的综合应用。然而与此同时,企业对于实施智能制造所带来的实际效果也充满疑虑,大多数企业高管坦言,目前尚没有人能准确预知"工业4.0"之后的世界。

"工业4.0"是一个面向世界的营销体系。实际上,"老谋深算"的德国并不满足于将"工业4.0"的应用范围局限在本国的数字化转型。当中国致力于全面实现制造业现代化,视"工业4.0"为推动数字化转型的良机时,根据德国对华战略,德国同样将中国视作"工业4.0"的"放大器"。德国从标准推广、政策抓手到软硬件生态、合作伙伴的建设,分步骤形成了完整的商业模式闭环,以提高"工业4.0"的全球影响力。

第一步,标准先行。中国有大量的中小企业几乎没有自动化和数字化,因此德国首先将中国视为推动德国标准建立的加速器,在中德合作中利用中国市场来确立德国标准的全球地位。第二步,销售产品。德国企业从战略上秉持国际化态度,强化与中国的经济纽带,确保中国企业成为德国工业软件、传感器和机器人等高科技产品的进口商。第三步,抓牢政策。中国在"双碳"战略和环境保护方面投入巨大,而德国在该领域的全球认可度使其成为中国的首选合作伙伴，因此向中国出口"工业4.0"的解决方案，可以确保德国企业收回高昂的研发成本。第四步，壮大生态。为使更多德国中小企业分享中国市场红利，德国鼓励中小企业采取"搭载战略"，即加强与在中国设有分公司的德国大企业合作，只要进入这些大企业的客户网络，中小企业即可在无须部署大量员工的情况下，开展中国业务。

脚踏洼地，仰望星空

德国踩在数字基础设施落后的洼地里，自上而下强调其重要性并着手补足短板，同时立足本国标准体系建设领先的优势，进一步引领全球变革。德国的布局可以概括为"数字化补课 + 数字化安全 + 数字化监管"。

（1）数字化补课。一方面，德国从政府高层提高对发展数字化的重视。2018年3月，默尔克任命多萝特·贝尔为数字化国务部长，2018年8月组建"数字化内阁委员会"，"数字化内阁委员会"由10名数字化专家组成，为德国政府提供数字化咨询服务，内阁全体成员每年至少要参加两次内阁委员会的授课。另一方面，德国加快补齐数字基础设施建设过于滞后的短板。德国电信业不断推行"数字领先战略"，持续斥巨资扩大光纤和5G的覆盖范围，仅2021年就投入184亿欧元。德国不遗余力提升客户满意度，改善视频娱乐、智慧家庭等一站式服务体验。德国强化云基础设施建设，联合法国开启"欧洲云计划（Gaia-X）"，建设服务于全欧洲的云平台，保障数据在欧洲的安全高效流动。德国投入 50 亿欧元支持人工智能研究，并在算力支持方面推进高性能计算中心网络的建设。

（2）**数字化安全**。由德国弗劳恩霍夫协会主导的"工业 4.0"子项目工业数据空间（Industrial Data Space， IDS）旨在解决商业场景中的数据交换的安全问题，利用现有的标准和技术及公认的治理模式，打造一个供需双方可信的数据空间。工业数据空间的参与者通常包括数据供给方、数据使用方和独立第三方。数据供给方根据通用的信息模型，对数据进行描述并规定数据的使用策略，封装为一个"元数据"对象。数据使用方根据数据供给方提供的信息模型，进行数据的二次使用和加工。独立第三方掌握各类元数据的对象列表，处理数据使用方的查询请求并向数据供给方分发数据。在这样的一套规则下，数据提供方能够对数据使用对象、使用方式及使用价格进行控制，建立数据自主权。目前，工业数据空间协会（IDSA）汇聚了 20 多个国家的 130 多家成员。

（3）**数字化监管**。新任德国总理朔尔茨表示："像《数字服务法》（Digital Services Act，DSA）这样的法律使经济更加强大。"《数字服务法》是 2020 年 12 月推出的提案，与其一起推出的还有《数字市场法》（Digital Markets Act，DMA），两者共同构成了欧盟数字治理法案包。前者侧重于数字内容治理，后者侧重于数字平台的反垄断，都为欧盟重新定义了数字治理框架，以应对美国数字平台巨头占据全球市场份额过高的情况而带来的监管挑战，并为促进欧盟的数字经济良性发展创造空间。在供给侧，DSA 为欧盟的超大平台企业的数字内容治理提供了新框架，反映了欧盟要维护数字治理边界的决心；在应用侧，DMA 加强了对消费者的保护，遏制大型科技巨头的市场主导地位，并且平台监管方式由事后监管转向事前监管，标志着预防式反垄断原则的兴起。

3.3 "不甘掉队"的英国

在科学史上，英国众星璀璨。牛顿代替上帝带来科学之光，托马斯·杨用光追问上帝掷骰子吗？瓦特、法拉第为人类推动轰鸣的机器，上百位诺贝尔奖得主不断引领技术突破。然而，垄断优势带来的故步自封，为衰落埋下了隐患。如今的英国如同一艘锈迹斑斑的巨轮，在日不落帝国的余辉下，不甘地开足马力，迟缓而摄人心魄，默默酝酿着下一次蜕变。

从工业革命的摇篮到"去工业化"

18 世纪 60 年代，英国率先进行工业革命。生产力的迅速发展和生产技术的创新，使英国的产品不再需要关税壁垒的保护，英国从此走上了自由贸易之路，开始从海外大规模进口工业原料，并向海外倾销工业品。直到 19 世纪 50 年代，英国更是以绝对的工业产能优势被冠以"世界工厂"的称号，英国经济形成了以工业生产为核心，以外贸、航运、工业金融为辅助，相互促进良性循环的局面。

英国从 19 世纪后期便开始出现"去工业化"趋势。在第二次工业革命中，后起之秀的德国、美国率先完成了电气化转型，将英国逐下"神坛"。实际上，这是新旧产业之间的较量，19 世纪后期成长起来的新工业载体主要是电力、钢铁、有机化学和内燃机，而英国由于过度依赖旧工业、不追求新生主导产业而痛失全球领先地位。工业的发展离不开投资，由于缺少资本支持，英国制造业难以进行固定资产的更新和引进先进技术，因此各重要工业部门技术和设备落后，最终英国的工业技术优势和"世界工厂"地位荡然无存，英国工业与生产性服务业的良性交互被彻底打破，以至于英国陷入了持久的贸易逆差。

20 世纪后期，撒切尔夫人上台后主动推行"去工业化战略"。英国舍弃了诸多百年企业，不再承载冶金、造船等传统重工业，只保留部分高端制造业。因为产业整体转向金融和服务业，所以英国一味重视通胀率和利率等名义经济指标，而忽视就业率等实体经济指标。在去工业化、全面私有化战略下，设备投资、工人培训和技术研发投入严重紧缩，导致在世界主要工业国家中，唯有英国的制造业 GDP 增速低于服务业增速，就业率下降幅度最大。从此，欧洲制造业中心被德国完全占据。

英国"脱欧"对制造业打击巨大。根据《2019 英国地区制造业展望》，英国"脱欧"后传统行业继续严重衰退。汽车行业的产出、销售和投资情况堪忧，超过 30% 的车企出现员工流失现象；金属行业一片萧条，印度塔塔钢铁公司原本贡献了英国 70% 的钢铁产量，却因业务不断恶化而宣布剥离在英资产，这引发英国钢铁危机。英国"脱欧"还导致商品不能享受税收优惠，2/3 的制造商称"无协议脱欧"会导致产品立即涨价。此外，"脱欧"加剧了劳动力市场的供不应求，引发了供应链短缺、能源危机、通货膨胀和金融市场动荡等问题。

当前英国制造业和英国经济尽显颓势。到 21 世纪初，服务业在英国 GDP 中占比 70%，英国经济发生了从生产型到服务型的根本转变。因为工业的不断萎缩，英国金融业的主要服务对象转向本国的房地产行业和美国次贷债券市场。虽然短暂地出现了房地产业和服务业"共赢"的局面，但在泡沫破裂之后，英国金融业受到本国房贷坏账和国际金融危机的双重打击，失业人数暴增，对英国零售业等其他服务业产生连锁冲击，服务业遭受重创。由于英国长期重视服务业轻视工业，加上学生学工科的时间成本投入大，待遇和社会地位不相匹配，所以工科人才严重缺失，英国难以重振工业辉煌，经济难以振兴。

➡ **茶余饭后**

"脱欧"的英国"一国两界"

费利克斯托港（图 3-5）是英国最大的集装箱专用港，然而 2021 年持续出现集装箱积压过多、船只延误等问题，造成拥堵不断，众多航运公司不得不改道欧洲其他小港口。除了新冠肺炎疫情造成的连锁反应，英国"脱欧"也是一项重要因素。

事实上，英国"脱欧"对港口的影响不仅如此，英国正面临"一国两界"。根据《北爱尔兰议定书》，北爱尔兰虽然和大不列颠岛共同"脱欧"，但仍遵守部分欧盟关税条例，作为英国和欧盟之间的缓冲带。然而英国本土置身欧盟之外，又有一部分留在欧盟之内，这条缓冲带成为英国内部的隔离墙，从大不列颠岛进入北爱尔兰的商品要申报并经过海上的通关检查。条例执行过程中摩擦和争议不断，使两岛之间的货物流通极其不畅。

图 3-5　费利克斯托港

芯片、发动机、生物医药

凭借深厚的基础科学研究和上百年的工业知识积累，英国仍在部分高端制造领域保持全球领先地位。芯片、发动机、生物医药，维持着老牌工业国家最后的尊严。

ARM：聪明的技术产权商人。2020 年，美国英伟达宣布将以 400 亿美元收购 ARM 并已达成协议。消息一出引爆全球科技界，不仅各大企业表示抵制收购，甚至英美两国政府亲自下场拆台。英国竞争和市场管理局（CMA）以反垄断和国家安全为由，对此次收购进行深入调查，之后美国联邦贸易委员会（FTC）同样以"反竞争"为由提出诉讼阻止交易。FTC 称，"该交易将使英伟达垄断计算技术和设计"，甚至有可能扼杀下一代创新技术。

ARM 是一家知识产权（IP）供应商，作为 IT 产业链中最上游的芯片厂商，体量很小却拥有改变产业链条的历史和影响产业发展轨迹的能量，因此被称为"小巨人"。2022 年，全球基于 ARM 架构制造的芯片出货量预计达 292 亿颗，超过 95% 的智能手机和平板电脑的芯片采用 ARM 架构。ARM 不制造和销售芯片，而是聚焦芯片研发设计和下游制造商的生态合作建设。基于这样的商业模式，ARM 缔造了 RISC 微处理器标准。目前，超过 100 家公司与 ARM 公司签订了技术使用许可协议，包括 Intel、IBM、LG、NEC、SONY、高通等芯片厂商，以及 Microsoft、升阳、MRI 等软件厂商。

ARM 一般采取知识产权授权模式，包括处理器授权、处理器优化包授权（Processor Optimization Pack，POP）及架构授权三种授权方式。处理器授权是指 ARM 将设计好的处理器的使用权授权给合作厂商，这些厂商在不改变原有设计的基础上，根据自身实际需求进行合理的参数调整。处理器优化包授权是指 ARM 将处理器优化方案交付给合作厂商，便于其设计生产个性化产品。架构授权是指 ARM 将自身内部构架的使用权授权给合作厂商，为合作厂商结合自身实际需求设计最适宜的处理器提供了基础。例如，ARM 对华为采用架构授权，华为服务器芯片"鲲鹏 920"便是在 ARM V8 架构的永久授权下开发的。然而 2020 年突发断供风波，ARM 未来新推出的大部分 CPU、GPU 架构将无法供给华为，对华为后续高端处理器的研发带来巨大挑战。

罗罗（Rolls-Royce）：高价值产品与数智服务结合的代表。罗罗是欧洲最大的航空发动机企业，产品包括航空、船舶、潜艇的发动机及核动力装置，是全球第二大军用发电机和第二大民用发电机的制造商。罗罗的航空公司支持团队（AST）分布在世界各地，AST 的数字化专家们是世界上最早进行数字化变革，并通过数据的应用来提升客户服务质量的团队。

AST 的主要任务一是对造成运营中断的事件进行评价分析并提出相应的解决方案；二是对发电机的运行数据进行分析，给予航空公司合理的运营建议，有效降低航空公司航班延误或取消等事件的发生概率。因此 AST 获取数据的准确性和及时性尤为重要，罗罗专门成立了 R2 数据实验室，并与 AST 建立联动关系，除了为航空客户提供了更高质量的服务，还研发了全新的"技术洞察"分析工具。该工具是

AST 获取数据和整理报告的一站式平台，它不仅将罗罗的高质量数据库规模扩展了 10 倍，还能通过对历史事件数据的分析实现潜在原因的识别和事件预测，从而提高 AST 评估的可靠性。

在美国国家航空航天局（NASA）提出的"智能发动机"概念（图 3-6）基础之上，罗罗大大拓展其内涵，提出"智能发动机愿景"，动力系统的未来需要将数字化、智能化技术融入设计、测试、制造和运维全过程中。在数字和数据技术方面，罗罗与微软 Azure 平台合作进行数据采集和分析，构建发动机的数字孪生。在可用性和智能维修技术方面，罗罗计划引入智能微型机器人，完成发动机的检查、清洁、修复工作。在先进制造技术及电气化技术方面，罗罗探索集成 VR、增材制造、工业互联网，打造发动机设计制造的一体化解决方案。

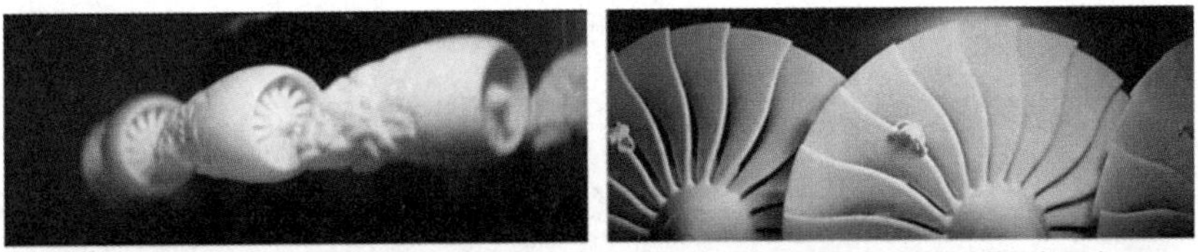

(a) 会思考学习的发动机大脑 　　　　(b) 游走于叶片表面的检测机器人

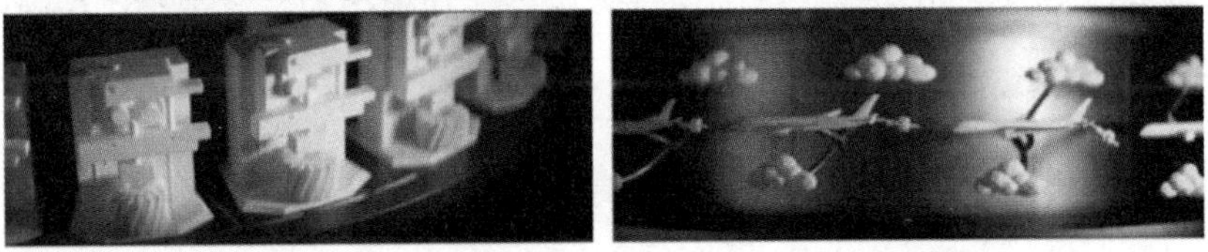

(c) 通过增材制造生产的零部件 　　　　(d) 电动推进

图 3-6　罗罗的智能发动机愿景

图片来源：网络引用。

生物医药：生物技术实现突破并与数字技术融合。英国生物医药公司是该领域内的领头羊，在细胞和基因疗法、基因组学和数字技术等突破性技术上一直走在世界前列，有20多位科学家获得诺贝尔奖。在生物医药领域，英国受到了全球投资者的密切关注，自2012年以来，投资数额已翻了4倍以上，连续5年获得超过10亿英镑的投资。随着人工智能技术不断提高医药研发的效率和质量，该领域的平均交易规模逐年扩大，对国际投资者的吸引力直线上升。

英国政府公布的数据显示，生命科学行业有超过24万名员工，在所有私营经济体的就业人数中占比约1%，生态环境充满活力。在基因组测序和世界性疑难病防治工作上，英国作出了重要贡献。英国威康基金会桑格研究所（Wellcome Sanger Institute）是一家非营利性的基因组学和遗传学研究机构，曾经是"人类基因组计划"的主要贡献机构，现在正牵头"英国十万人基因组计划"的实施。该研究所附近坐落着欧洲生物信息学研究所（EMBL），拥有全球最大的生命科学数据库。生物基因研究与生命科学数据库在此有机结合，为英国众多生物公司提供公共服务。例如，初创公司Congenica在桑格研究所研发基因组分析软件，用于临床诊断和遗传疾病的治疗。Eagle Genomics公司的生物学、统计学家共建数据分析平台，用于解释和分析基因组数据。ClearSky公司专注于医疗诊断，基于其独有的算法系统有效监测帕金森、阿尔兹海默病等神经性疾病，快速地为患者作出客观的评估。英国剑桥生物技术园区依托于剑桥大学的生物学科基础和数字化研究能力，构建了以大学、生物医药新兴公司及大型跨国公司为主的产业网络，成为世界最大、最尖端的科研生物技术产业园之一，是生物技术与数字技术融合的典范。

瞄准 2050：目标高价值、高科技，现实高难度、高挑战

英国政府科技办公室于 2013 年推出的报告《制造业的未来：英国新时代的机遇与挑战》（*The future of manufacturing: a new era of opportunity and challenge for the UK*），详细阐明了英国制造 2050 战略。报告指出，制造业不再是传统意义上的"制造之后再销售"，而是"服务 + 再制造"，形成"以生产为中心的价值链"。制造业未来的主要特点包括低成本产品的个性化需求增强、生产协同和制造业价值链的数字化。这将对制造业的制造流程、制造技术、制造地点、供应链、人才甚至文化产生重大影响。

报告认为，英国制造业面向未来需要在四大方面加强布局。一是要敏捷满足消费者需求。为了满足消费者不断增长的个性化需求，技术的更新迭代及产业化的速度将加快，制造环节将远远超出工厂的范畴，而数字技术将极大地改变供应链格局。二是要开拓新的市场机遇。高端制造业产品是英国出口的强项，要继续以欧盟、美国为主要出口对象，开拓金砖四国、新钻十一国市场的机会，同时吸引外商投资英国本土制造业。三是要重视绿色经济。全球气候变暖、资源匮乏等问题日渐严峻，制造业的可持续发展水平需要不断提高。循环经济将成为消费者关注的重点。四是要加强高素质劳动力引培。英国需要扩大工程领域的高素质人才规模，国内大力培养和吸引国际人才并重。

围绕英国制造 2050 战略，英国出台了一系列配套措施。吸引制造业回流是英国重振制造业辉煌的基础，政府着力帮助企业降低成本，例如，2022 年英国企业所得税税率为 19% 左右，远远低于法国的

26.5%、德国的30%及其他主要工业国家。为确保制造业高质量发展，英国出台五大战略：一是占据全球产业价值链的高端位置，通过重大营销活动吸引世界对英国高端制造业的投资，培育产业集群。二是加快技术的市场化推广，建立"高价值制造促进中心"，七家研究机构形成英国高价值制造业创新网络，汇聚产业生态，加速成果转化。三是增加无形资产投资，鼓励企业建立创意、研发、品牌等方面的优势，健全专利保护和互认机制。四是帮助企业加强人才建设，发布《就业技能：终身学习的机会和成长》白皮书，将企业需求作为继续教育的核心，强化企业与学校的联系，建立学徒制。五是占领低碳经济发展先机，宣布"绿色工业革命"计划，大力发展清洁能源，在2050年实现温室气体净零排放。

3.4 "步履蹒跚"的日本

明治维新的成功推行，使日本赶上了工业革命的末班车，成为亚洲唯一的老牌发达国家。工匠精神、百年企业是日本工业的名片，为日本产品享誉全球奠定了基础。面对岛国自然资源匮乏、人口老龄化的困境，日本立足工业互联、先进制造，牢牢把握拥有高额工业附加值的产品。老骥伏枥，志在千里，日本能否走进社会 5.0（图 3-7）焕发新活力，我们拭目以待。

"社会5.0"概念

图 3-7 社会 5.0 概念

图片来源：网络引用。

精致工匠"老"骥伏枥

人口老龄化，是日本绕不过的槛。日本经济多年呈现"低通胀、低增长"的疲态，而人口老龄化是造成这一问题的关键因素之一。根据联合国的老龄化系数标准，65 岁以上人口占总人口达 7% 即视为老龄化社会，日本在 1971 年就进入了老龄化社会，到 2021 年，日本 65 岁以上人口已经超过 28%，总人口连续 11 年负增长，已不足 1.26 亿人，而且这一趋势在未来的几十年仍将持续。日本人口机构预测，到 2050 年左右，日本人口将进一步减少到 1 亿人以下，即到 21 世纪中叶，日本人口数量将减少约 2700 万人，约占目前日本人口总数的 1/5，总人口数量降低到 1 亿人以下。日本老龄化程度严重及连年的人口负增长，使日本劳动力资源短缺问题极其严重，经济发展失去动力在所难免。

➡ **茶余饭后**

智能电气服务老年群体

为了更好地面对老龄化社会带来的问题，日本正在加速针对老年人服务的智能设备开发推广，帮助老年人跨越数字鸿沟，利用新一代数字技术为老年群体生活带来便利。

例如，移动辅助产品已相对成熟，智能轮椅能够通过口令或遥控移动，在上下坡、复杂路况下智能调节轮椅的速度和高度（图 3-8）。松下研发的

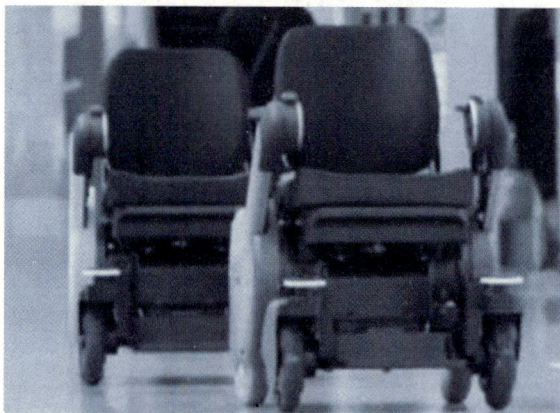

图 3-8 智能轮椅

智能看护空调，能够感知老年人的呼吸、动作和上下床情况，及时发现异常。GIFMO 研制的智能电饭煲，能够在不改变菜肴外观的前提下加工为柔软易咀嚼的状态，从而帮助牙齿掉落、吞咽困难的老人进食。Chikaku 推出的 Mago Channel 智能电视盒子，能够插入手机 SIM 卡使用和兼容手机系统使用，开发老年人常用的电视软件，从而适应老年人经常观看电视而很少使用手机的生活习惯，加强与子女的沟通。

百年老店，在沉浮中蓄力。日本拥有 5 万家百年以上的企业，其中有超过 3000 家存续 200 年以上的企业（图 3-9）。存续时间最长、底蕴最深厚的公司是从事庙宇建筑的金刚组，从创立到现在超过 1400 年。

日本电气株式会社（NEC）是日本的八大电气公司之一，可谓百年企业数字化转型成功的代表。NEC 于 1899 年成立，距今已 123 年，作为传统通信设备巨头，目前主营为用户提供 IT 集成服务的业务。NEC 是日本第一家合资公司，研发出日本第一台电话交换机、日本第一台传真机、世界第一台晶体管计算器、日本第一颗人造卫星……1980 年前的 NEC 意气风发，依托百折不挠的创新精神和精益求精的质量管理，推出了无数个日本和世界的首创技术产品。然而，在日本和全球两次经济危机中，NEC 同样难以独善其身，国内购买力下降、日元汇率升值，其在海内外的销售业务均遭受重创。从 2011 年，NEC 开始大刀阔斧地改革，高瞻远瞩地放弃了传统核心业务——计算机、手机制造销售，只保留芯片和系统开发业务，全面转向提供数字化系统解决方案，主打 AI、5G 技术。如今，NEC 的人脸识别、数据预测分析、远程测控、自动驾驶等技术已达世界顶尖水平，5G 通信产品主导国内市场,同时与英国达成战略合作,并已着手开发6G技术。2020 年,NEC 公司净利润创新高,达到 9.2 亿美元,从兴起到衰落再到振兴,NEC 拥抱数字时代涅槃重生。

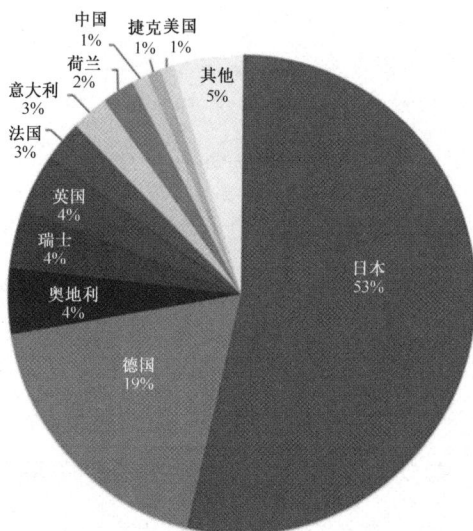

图 3-9　全球百年企业分布图

图片来源: 网络引用。

工匠精神,传承百年。工业时代的市场竞争培育了日本的工匠精神,使其在生产中追求精益求精,以质取胜。工匠精神源于社会对工人的尊重,以及企业自主创新的传统。一方面,工人收入高。普通工人和普通白领所获得的报酬相差不大,均为每月 20 ～ 30 万日元(约 1 ～ 1.5 万元人民币),高级技工约占工人群体的四成,因此蓝领从事的工作是相当体面的,并且蓝领有足够的上升空间。大批高素质工人的存在,成为日本制造业最大的优势。另一方面,企业肯研发。2018 年,日本企业的研发投入占全社会总研发投入的 80.29%,居世界第一，八成科技创新成果由企业完成，仅两成由政府主导。

国际市场的"中"坚力量

日立：象限图的领先者。日立集团（Hitachi）从 2018 年 Gartner 推出工业物联网魔力象限以来，连续三年上榜该象限，并从"远见者"跃升为"领导者"。日立集团 2016 年宣布投入 1000 亿日元（约合 8 亿美元）研发物联网基础技术，不仅向客户销售设备，还将提供产品和服务，开始走上数字化转型之路。几年来，日立集团一路高歌猛进，战果颇丰。2016 年日立集团成立物联网公司 Hitachi Insight Group 并推出物联网平台 Lumada，2017 年 Hitachi Insight Group 与其他两家大数据分析子公司合并成立 Hitachi Vantara，整合 IT 和 OT 技术，全力进军工业互联网市场，广泛布局各大领域。

平台能力方面，日立首先聚焦数据采集和贯通，推出融合基础架构系统 Hitachi UCP，以及管理自动化和编排软件 Hitachi UCP Advisor 2.0，这一组合打通本地端、云端、边缘节点，帮助客户解决复杂的数据管理、移动性和分析等问题。之后，日立补齐数据分析和运用人工智能的能力，与机器学习平台 Cloudera 达成战略合作，又收购云系统集成商 REAN Cloud，提升物联网分析、预测分析和运用机器学习的能力。随后提升产品交付能力，收购 Fusionex 的 AI 分析业务和 SaaS 业务，减少用户特定开发、定制的成本，实现轻松交付，这对日立扩展其全球业务至关重要。

日立工业互联网产业布局多点开花，重点覆盖制造、建筑、采矿等行业及智慧城市、智能交通、绿色能源、智慧农业等领域。最初日立在丰田汽车工厂引入 Lumada 平台，采用 AI 和大数据分析技术来识别和解决现场问题，从而缩短 PDCA（plan-do-check-act）周期。2020 年日立收购 ABB 集团 80% 的电网业务，向全球提供创新能源解决方案。日立积极布局车联网和无人驾驶技术，在英国推出无人驾驶车辆试点，并开发高性能芯片组、高精度车辆轨迹动态规划技术、面向电动汽车的平台及 OTA 车联网系统。有趣的是，日立与迪士尼乐园联手推出新一代游乐设施，日立通过开发园区数字运营、游乐设施的数字孪生等方式提高表演和景点的运营效率。此外，日立和日本优利、IBM、软银等推出非营利性质的医疗 AI 平台，研究 AI 医疗行业所用的基础通用技术并向公众开放研发成果。

数字化转型的"新"活力

面对制造业数字化的浪潮，日本布局"泛在网络 + 理论研究 + 操作实践"，从价值链出发，打造连接人、设备、技术的互联生态，实现价值创造。

Local 5G：工业"互联"的突破口。Local 5G 是指允许电信运营商以外的垂直行业、地方政府采用独立频段部署自己的 5G 专网，这一技术特别受到日本工业企业的青睐。东芝、日立、三菱重工等龙头企业纷纷表露出对 Local 5G 的兴趣，一个由龙头企业带动，涵盖 NTT 运营商、NEC 设备商、软件服务商的通信变革联合体正在形成。Local 5G 可以说既是日本产业界希望跟上全球 5G 技术变革机遇的抓手，也可以说是加速工业数字化的引擎，5G 专用网可用于远程操控工厂生产等，将有望成为加速产业信息化进程的催化剂。从 2019 年 12 月 24 日起，日本启动受理 Local 5G 服务频谱牌照申请。但总体来看，目前无论是 5G 技术标准积累、基站数量还是商用进程，日本均落后于主要国家，正如一个想要努力奔跑的老人，步伐已经难以跟上理想。

工业价值链促进会（IVI）：工业"互联"的理论指导。日本在 2015 年成立了工业价值链促进会，下设业务场景、平台两大工作组，面向各类工业现场的应用场景，开发制定参考模型；推出工业价值链参考架构，提出 SMU 概念，探讨通过信息传递提高制造效率的模式；提出松散定义标准理念，通过放松标准化，适应工业多样性；提出互联工业开放框架（CIOF），加强工业生态体系中企业间的数据流通。

Edgecross 联盟：工业"互联"的实践基石。日本于 2017 年成立了 Edgecross 联盟，下设技术、营销两大工作组，聚焦工业设备连接产品认证测试及销售活动，促进工业互联技术的应用推广。一是重点围绕设备协议统一、实时缺陷检测、设备预测性维护等场景，推出 10 大用例，认证 36 家企业的边缘软硬件产品。二是打造 Edgecross 市场，提供涵盖产品认证测试、市场发布、价格评估、订单交易、下载使用的全链条服务，扩大技术市场化应用的推广。

在老龄化中挣扎的日本，目前正在寻找数字化变革的切入口，从互联社会 5.0 到 Local 5G、Edgecross，日本在步履蹒跚中寻求新的蜕变，在数字化的新一轮变革中，日本如何在精益求精与跨步向前之间寻求平衡，或将决定着日本未来的数字化竞争能力。

3.5 "寂寞难耐"的印度

"散装"的印度

在英国殖民者到达南亚次大陆印度时，面对的是 500 多个城邦、1900 多种语言的局面。因此是英国首次完成了印度半岛的大一统，带来了统一的领土、货币、法律和税制，客观上为印度带来了现代文明。

然而，英国殖民者带不来统一的语言和文化。如今印度联邦官方语言有 22 种（不包括英语），并规定英语为行政和司法用语。使用最多的印地语在印度只有 41% 的人口使用，会使用英语的人的数量只占印度人口的 10%。为了体现公平，印度将使用人数最多的语言都印在了货币上，印度卢比上共有 17 种语言。

印度工业化历程虎头蛇尾。在印度独立前，作为英国的独占殖民地，获得了宗主国更多的关注和投资，客观上为其工业化奠定了较好的基础。国内市场、基础工业和基础设施均较为完善，能够规模生产粗钢、生铁、硫酸等重要工业产品。1914 年，印度已存有 60 家黄麻厂，271 家棉纺织厂和 3.5 万千米的铁路。印度独立后半个世纪以来的工业化历程大致可分为两个阶段：第一阶段是 1947 年到 1991 年，以尼赫鲁式的计划经济为主；第二个阶段是 1991 年到今天，实行的是经济自由化。尼赫鲁发展模式时期，印度仿照苏联社会主义经济模式，开始了印度的五年计划。这期间印度建立了包括冶金、采矿、化工、石油化工、石油开采和提炼、重型机器设备、机器制造、化肥和电力等产业在内的完整的工业体系。工业在国民经济中的比重，从 1951 年的 15% 上升到 1991 年的 25%，但是农业、轻工业、重工业比例严重失调，这导致了连绵不断的外汇危机和粮食危机。同时，国营企业效益低下，私营大企业受到诸多管制，印度的制造业总体上处于落后状态，产品缺乏竞争力。这时期印度工业发展远远落后于东亚新兴国家及地区，经济增长十分缓慢。1991 年，为摆脱经济危机，时任财政部长曼莫汗·辛格制定了经济自由化和全球化的改革方案，从半封闭半管制经济体制转向市场经济体制。尽管印度经济在这个时期取得了较快的增速，但是同期的工业化进程却出现了停滞甚至倒退，关键领域的缓慢进展使得印度经济发展成为以服务业主导的模式。自此印度制造业占比逐年下降，服务业占比逐年升高。

"软件之光"改变命运。印度如今在全球软件外包市场的占有率高达 60%，伴随印度软件业的迅速发展，软件企业的规模也在不断扩张，逐渐成长。具有国际竞争力的软件外包公司塔塔咨询服务公司（TCS）便是产业龙头，谈及它，那也就不得不提到"印度软件之父"科里（F. C. Kohli）。科里从麻省理工学院获得电机博士学位后回国进入塔塔集团旗下的电力公司，第一个壮举便是于 1969 年开发出印度当时最为迫切需要的电力系统并实现了孟买市电网的计算机化。

随后，科里临危受命进入濒临倒闭的塔塔咨询服务公司。当时正值信息技术大变革的前夜，兼任 IEEE 主席的科里敏锐地察觉到，"世界要变了，计算机一定要进印度"。在当时，全球 IT 主要企业均把精力放在研发硬件上，而高瞻远瞩的科里意识到，印度的经济基础无法在硬件领域取得竞争优势，而印度凭借大量数学人才一定会赢得软件优势。正如科里所预见，从 20 世纪 80 年代开始，全球 IT 产业开始蓬勃发展，大规模的信息化、网络化变革对相关软件需求急剧增长，而塔塔咨询服务公司的软件业务已经相当成熟，凭借其程序设计、英语能力及廉价的劳工优势，成为全球企业的首选合作对象。

在科里的任期里，TCS 业务转型任务圆满完成，如今 TCS 在全球拥有超过 100 个分支机构，客户遍及 55 个国家，并且是目前印度最大的 IT 企业，也是亚洲最大的独立的软件和服务业公司。

在科里和塔塔咨询服务公司的影响下，印度政府对软件行业给予了巨大的政策支持。从 1991 年开始取消软件行业所有税收，批准软件行业银行贷款优先权，学校从初中开始开设编程基础课程。印度几届政府都实施了科教兴国战略，1985 年拉·甘地提出要用电子革命把印度带入 21 世纪，1996 年，印度编制了《2020 年印度技术远景规划》，这些战略使印度比其他发展中国家更早抓住发展计算机软件技术的机会，把握住了以科学技术和信息化为核心的第三次全球化机遇。印度将软件技术产业列为优先发展的产业，更为软件行业修订了单独的优惠方针政策，1986 年公开制定的《计算机软件出口、开发和培训政策》则更加清楚地表明政府把软件行业发展推进到一个全新层面的中心。由此印度计算机软件产业得到高效发展，带动服务业也迅速发展。印度很快成为仅次于美国的第二大软件出口国，至 2000 年软件出口平均增长速度达 50% 左右（同期世界软件业平均增长率为 20%）。《2021 年印度 IT 和 BPM 市场报告》显示，截至 2020

年印度 IT 产业总值为 1670 亿美元，拥有 5300 多家科技初创企业，雇用将近 400 万人，IT 和 BPM 行业产值预计到 2025 年将增长到 3500 亿美元。

然而软件外包难以实现价值升级。虽然在印度庞大的软件工程师群体中走出了众多硅谷掌门人，包括谷歌 CEO 桑达尔·皮查伊、微软 CEO 萨提亚·纳德拉、Adobe CEO 塔努·纳拉岩等 10 余位高管，但是印度国内软件产业发展水平始终处于低端。软件外包业务占据了印度软件值的 50%，其实质是劳务输出，它依靠大量较为廉价的软件工程师，为英美等信息产业发达国家做软件加工，并且没有知识产权和品牌。21 世纪至今，欧美需求不断缩减，但印度软件外包主要依赖海外市场，美国市场和英国市场占印度软件海外市场的比例超过 70%，欧洲大陆所占的份额也超过 10%，这使得印度软件业增速明显放缓。十几年的外包业务发展已将印度软件业塑造为一个低价的软件服务提供中心。在外部风险增大的同时，印度国内市场不兴旺也一直是印度软件业发展的制约。印度制造业普遍规模不大，技术也比较落后，有信息化需求的企业数目非常有限，无法完全消化过剩的软件产能。人才短缺和劳动力成本上升也在不断削弱印度软件业的竞争力。过度依赖海外市场和软件外包业务，使印度软件业失去了控制权和对软件产品的知识产权，这成为印度软件业发展的严重隐患，并可能对其造成致命的打击。

买得来的产品和买不来的未来

印度制造业数字化转型布局可以分为"印度制造"计划和"数字印度"计划。

"印度制造"计划：2014年9月，印度总理莫迪出台雄心壮志的"印度制造"计划，企图将印度打造成全球制造业中心，使全国经济发展不再过度依靠于服务业。"印度制造"计划以市场化、自由化为发展理念，重点在于基础设施建设、数字网络构建及制造业振兴等领域，通过扩大对外开放、吸引投资来实现推动制造业发展及增加就业岗位等目标。具体而言，该计划有三个既定目标：制造业的年度增长率要达到12%～14%；截至2022年要增加1亿个就业岗位；到2025年时，制造业对国民生产总值的贡献率要提高到25%。其中，纺织业、汽车行业、电子设备、医药制造等25大产业成了首批重点发展的行业。

自"印度制造"计划推行以来，莫迪政府围绕发展目标陆续推出很多改革方案：①实行市场化改革，加强基础设施建设。政府于2015年撤销印度计划委员会，鼓励市场自由竞争，取消对柴油的价格管制，并且陆续取消农产品最低价格限制。此外，2017—2018年，政府计划投资3.96万亿卢比来建设铁路、公路等基础设施。同时，为了解决物流难题，政府极力促进"五大工业走廊"的发展，加速形成制造业集群。②税制改革。政府统一出台商品和服务税改革，建立统一的税务系统，降低税率和印花税，把土地和不动产税收归为商品和服务税。③征地制度改革。各邦自行制定征地法案，提高土地利用效率。④劳工制度改革。政府先后推出《学徒条例》《劳动法》等法案，因此企业在劳工规模方面有更多的话语权。⑤积极参与国际竞争。莫迪政府推行积极的经济外交政策，极力外销其人口红利、吸引投资等。

同年，印度总理莫迪提出"数字印度"计划，有三个目标：①建立民众共享的基础设施，在 2019 年实现 25 万个村庄通网络的目标；②提供数字化管理的服务，并且增加超过 1 亿个就业岗位；③实现人人享有数字权，特别是贫困群体和没有连接网络的人。

具体而言，印度政府在加快建设数字经济的基础设施中提供了诸如以下关键支持：首先，2010 年 9 月推出 Aadhaar 电子生物识别系统。该系统通过收集民众的个人信息，如居住地址、本人照片、指纹等数据，制定特定的 12 位身份证编号来绑定手机号和银行账号。其次，2016 年 4 月推行统一支付接口，并与 Aadhaar 绑定。当一个数字身份与 Aadhaar 支持的支付系统连接时，他们可以在经过 Aadhaar 认证的任何银行进行在线交易。最后，制定相关政策刺激供应链网络发展。例如，推出 2 万亿卢比的制造业促进计划（PLI），以此吸引外资发展本土制造业，促进产业转型升级，从而使印度成为世界制造业供应链的重要组成部分。这将直接促进与数字经济相关硬件的产出。相关报道称，在印度的 2021—2022 财年的财政预算报告中提到政府会推出一个总额为 150 亿卢比的数字支付发展计划，以此加快印度数字支付发展。

总的来看，印度在持续加快建立数字化时代的"独门秘籍"，但重软件轻硬件、重采购轻自研，以及纷繁复杂的文化环境所带来的决策效率低下，制约着印度数字化的发展，印度未来数字大国崛起之路将充满挑战和不确定性。

　　大国竞争，序幕已启，数字时代，未来已来。在这场"数字迁徙"的过程中，我们看到世界各主要国家开展的一系列"数字竞备"，在数字化浪潮下"摩拳擦掌"。知己方能知彼，在各国的竞备中，或许我们能找到其中的发展规律和发展重心，借鉴发展经验，避免重走数字化发展的弯路。

博观而约取，厚积而薄发。

第四章

企业的数字探索

人的思维是否具有客观的真理性，这并不是一个理论问题，而是一个实践问题。

——卡尔·马克思

云计算、人工智能、工业互联网等新一代信息技术带来的巨大变革激流涌动，推动人类社会发展迈向全新阶段。作为世界经济重要主体的全球化企业，一直身处这场变革洪流的最前沿，以不同的姿态，迎接着最强烈的冲击。有的主动应变、锐意创新，积极拥抱数字化，实现跨越式大发展；有的在生存和发展的压力下被迫艰难选择、谨慎行事，最终实现成功转型；有的面对形势，勇敢抉择，但往往会由于认知不明、选择错误等转型失败；有的盲目自信或者茫然不知……在数字革命的潮起潮落中，全新的万亿级企业和产业从无到有，互联网渗透社会的每个角落，工业互联网打通虚拟空间和现实空间，制造业中的百年巨头重新学习，跟上新技术的舞步，而中小企业则在数字化浪潮中浴火重生，所有这些正在上演的场景，连缀成新时代的传奇，也将书写人类发展历史激动人心的篇章。

4.1　星辰大海：开启数字时代

探寻数字化的源头

20 世纪 40 ～ 50 年代以来，计算机、芯片和基础软件等新兴科技破茧而出，从此以后，世界开始进入了由"0"和"1"组成的虚拟数字世界。芯片将物理世界的模拟量转变为数字世界的二进制数字量，计算机将二进制数据转化为人类可读取、可理解、可编辑的信息，共同搭建了人类从物理世界走向数字世界的桥梁，成为人类社会步入数字化时代的金钥匙（图 4-1）。尽管无法捕捉数字世界的未来全貌，但是数字科技革命性地改变了人与人之间沟通和互动交流的方式，彻底改变了人们的生产和生活，带来了根本性的时代变迁。

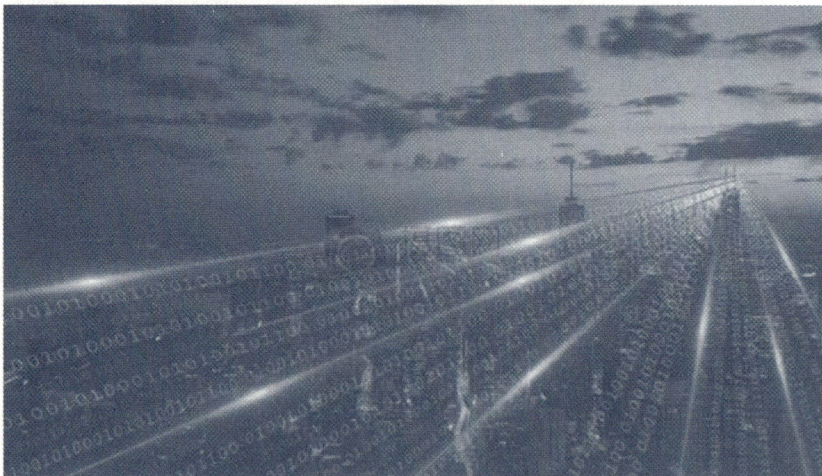

图 4-1　数字时代的来临

图片来源：网络引用。

当前，社会已经全面进入数字信息时代，随着 5G、人工智能及大数据等新一代信息技术，新业态、新模式、新平台蓬勃兴起，催生了许多新兴产业、全新业态和崭新模式，深刻影响世界的科技创新、产业结构调整、经济社会发展。2021 年，全球 47 个国家数字经济增加值规模为 38.1 万亿美元，同比增长 15.6%，占 GDP 比重为 45.0%。其中，发达国家数字经济规模大、占比高，2021 年规模为 27.6 万亿美元，占 GDP 比重为 55.7%。规模上，美国数字经济蝉联世界第一，规模达到 15.3 万亿美元，中国位居第二，规模为 7.1 万亿美元。占比上，德国、英国、美国数字经济产值占 GDP 比重位列前三位，均超过 65%。由此可以预期，数字时代在未来较长一段时间都将保持快速增长，并且越来越受世界各国的重视。

"数字浪潮"袭来，各级政府部门、科研院所及企业等纷纷投入巨大的财力物力来发展计算机、芯片和基础软件等数字核心技术及相关的产业应用，抢占数字时代制高点。历经多年的实践和探索，计算机、芯片和基础软件相辅相成，共同实现了跨越式发展。微软、IBM、英特尔、SAP、华为、小米等一批又一批不同类型的企业顺势而上并发展壮大。5G 时代，芯片成为万物互联的中枢纽带，创造新兴领域的中国"芯"，替代国际巨头垄断的传统芯片，是中国弯道超车的重要突破口。然而，数字化浪潮汹涌澎湃，暗礁和潜流无处不在，稍有不慎，便会触礁甚至翻船。企业需要时刻保持警醒，应对不断变化的环境，在成功中总结经验，在失败中吸取教训，学习数字化先驱的经验，找寻自身弯道超车的机会。

计算机创世纪

计算机是 20 世纪人类最伟大发明之一。1946 年，世界上首台数字型计算机（图 4-2）由约翰·冯·诺依曼在美国研发成功，然而这台被命名为 ENIAC 的机器却是一个占地 170 平方米、重达 30 吨的"黑房子"。虽然世界上第一台计算机已经退出了历史舞台，但是其重要地位仍存，计算机的设计理念至今还被人们所引用，正是这个"黑房子"的发明，正式开启了计算机由简单到复杂、从低级到高级的飞速发展历程。

图 4-2　世界上首台计算机 ENIAC

图片来源：网络引用。

有人说，计算机是战争的产物，是因为战争才发展而来的。实际不然，计算机的问世根本源自于人们大脑智力的拓展延伸，为了创造更多的财富，短短的几十年，这种机器以迅猛磅礴之势，用非凡的渗透力和亲和力，彻底改变了时代发展的趋势，融入每个企业、每个人的工作、学习和生活之中，已在世界范围内形成了一种新的文化，构造了一种崭新的数字化文明。

第一代电子管计算机主要以应用于军事和科学计算为主，其体积大、功耗高、价格昂贵，应用中不够便利。第二代晶体管计算机进入工业控制领域，主要以应用于科学计算和事务处理为主（图4-3）。第三代集成电路计算机进入文字处理和图形处理领域，其特点是速度更快，更加通用化、系列化和标准化。第四代大规模集成电路计算机或微型计算机主要以应用于科学计算、事务管理为主，并开始进入家庭。计算机的发展逐渐趋于微型化，利用微电子技术和超大规模集成电路技术，从占地170平方米的"黑房子"到便携式笔记本电脑，计算机的体积越来越小，功能越来越强，使得随时随地数字化办公变得触手可得。

图4-3 贝尔实验室研制的点接触型的晶体管

图片来源：网络引用。

计算机的出现引领了一个新的时代，部分企业看到了其未来的广阔市场，纷纷投入其中。在 2020 年的时候，Windows 系统的市场份额为 86.9%，处于垄断的地位。在计算机领域，微软不是开创者，但确实是应用最广泛、市场份额最大的企业。1981 年，微软公司成为 IBM 的代理开发公司，开发了磁盘操作系统——DOS 系统。随后，微软公司单独研发，投入大量人力、财力最终成功研发出了 Windows 操作系统，不再与 IBM 合作开发。Windows 操作系统面世后，迅速成为世界计算机主流的操作系统，直到今天，仍有众多企业在使用该操作系统，而最先起步研制个人计算机的 IBM，却成为数字时代的落伍者。

计算机从诞生到现在，虽然时间不是很久，但已经改变了人类发展的进程，世界已然发生了翻天覆地的变化。在经济飞速发展的今天，计算机改变了人类的日常生活，网络技术的飞速发展带来了极大的经济效益，也改变了企业的日常办公方式，提升了企业的办公效率，提高了企业利润。现如今，计算机不仅仅承担着计算的功能，还融入到社会发展的日常生活中，现代数字化建设正在丰富着企业的运行方式。计算机的发展和应用改变了传统企业的管理模式和经营模式，在现代企业中，企业信息网络得到了广泛的应用，计算机现已覆盖企业生产、经营、管理的各个部门，在整个企业范围内提供硬件、软件和信息资源共享服务。例如，企业可以通过计算机进行网上联络沟通，市场营销可以通过微博、抖音进行等软件进行全新的推广，采用计算机办公软件进行交流更是现代办公的状态。在企业实际生产中，之前很多人共同完成的环节都可以通过计算机对实际大型生产机械进行操作来完成，大大缓解了人工制造的压力，并且显著提升了企业的工作效率。随着数字时代的进一步发展，计算机的功能也会越来越完备。计算机的发展随着时代的发展而发展，它将见证人类文明今后的道路。

洞察趋势，把握未来。数字化时代，从办公数字化到生活数字化，再到万物数字化是一个必然的发展过程，数据和信息的爆发式增长成为这一时代最为显著的特征。当前，一个小小的笔记本电脑中集成了多种数字芯片、软件系统等高科技电子产品，可操作各种复杂的系统、处理海量的数据，成为数字化时代人类生活工作的必需品。数字化浪潮方兴未艾，抓住数字时代的发展机遇，把握未来趋势，围绕核心目标，才能保证未来朝着正确的方向推进。

数字时代"芯"征程

在数字化蓬勃发展的今天，数据是最宝贵的财富，人们每天打开手机看新闻、刷视频的功夫，数据就已经悄然产生。如果说数据是"未来的新石油"，那芯片便决定着这片"新油田"的开发时间和开发规模。

但近几年受新冠肺炎疫情、全球"缺芯"、手机消费电子需求放缓等多重因素叠加影响，全球芯片半导体产业正遭遇冰火两重天的局面。自 2020 年下半年以来，全球手机、汽车、家电等多类产品制造业陷入了一场持续的芯片短缺潮，最先陷入芯片短缺潮的是汽车行业。2020 年合肥江淮蔚来制造工厂暂停生产汽车 5 个工作日，通用汽车将北美的减产计划延长，紧接着，手机、家电等多类产品也陷入"芯片短缺潮"。每年的 2 月、3 月都是手机品牌发布会最密集的时候,然而,受芯片短缺的影响,2022 年大部分手机厂商都没有发布新型手机。

据市场调研机构 Omdia 发布的一份数据指出,全球半导体市场收入从 2021 年第四季度的 1593.5 亿美元,降至 2022 年第一季度的 1593 亿美元,环比下降 0.03%。全球范围内不缺少制造芯片的企业,但顶尖芯片制造企业却少之又少,只有英特尔等拥有核心技术的龙头企业能够独立完成从设计、制作、封装和测试等所有工序,大部分企业只能通过芯片代加工的形式进行芯片生产。众所周知,目前全球顶级的五大芯片代工厂,分别是台积电、三星、联华电子、格芯和中芯国际。按照 2021 年第二季度的数据,这五大厂商占据了全球超过 80% 的份额,对于全球芯片供应链具有无法替代的作用。

"华为被断芯"事件发生后,国内科技企业纷纷开启自研芯片,担心同样的事件会发生在自己身上而没有应对措施。虽然这暴露了国内芯片的短板问题,但也给国内企业敲响了警钟,让其有了危机意识。

但是自研芯片不是一朝一夕的事情,而是一个长期积累的过程,都要面临从 0 到 1,从 1 到 100 的过程。想要自研芯片是一件极其复杂的事情,即便拥有经验丰富的专家,并且采购了极其精密的设备,仍然有可能会面临失败。自研芯片不仅消耗企业的人力、物力、财力,更重要的是要突破技术壁垒,可能还会遇到专利软著等相关问题。虽然自研芯片面临诸多坎坷,但国内厂商不惧困难,砥砺前行,无畏风雨地推进国内芯片领域的发展进程(图 4-4)。2021 年,vivo 在影像技术分享会上推出首款自主研发的专业影像芯片 V1,迈出了芯片战略的第一步。不止 vivo，国内其他一线手机品牌厂商也纷纷开始布局芯片市场。2021 年 3 月，小米推出了自研 ISP 芯片澎湃 C1，小米集团创始人、董事长兼 CEO 雷军表示："澎湃 C1 是小米芯片之路上的一小步，是小米影像的里程碑。"面对西方的垄断制裁，不但没能让我们认输，反而倒逼我国芯片产业的飞速发展。从未来发展前景看，我国芯片行业仍处于起步阶段，但经过中国越来越多优秀芯片企业的共同努力，以及国家的支持，国产芯片的未来一定会越来越好。

图 4-4　中国制造的芯片

图片来源：网络引用。

"手中有粮，心中不慌"。芯片作为各类电子产品的核心和大脑，在计算应用中发挥巨大的作用，已成为数字化时代世界主要国家的必争之地。虽然当下我国芯片研发制造正面临重重困难，但要想在数字化转型的浪潮中先人一步，就必须研制属于自己的芯片，拿在手里才踏实，否则后续受制于人的事件将越来越多，数字化道路亦将重重受阻。

基础软件的机遇与挑战

1949 年，美国出现了世界上第一批软件公司，而美国也在软件业中成了早期的主角。当时的软件以客户定制软件项目的形式存在。经过了十余年的发展，在美国、英国、德国、法国等主要西方国家的探索和推进下，出现了独立于项目的软件产品，但此时的软件与计算机等硬件捆绑在一起，没有人能单靠卖软件赚钱。1969 年，IBM（图 4-5）给软件和硬件分别定价，这一决策成为软件业的历史性事件，软件正式作为独立的产品面世，随即越来越多的独立软件公司破土而出，为不同规模的企业提供独立的软件产品，软件业成为一个独立的行业进入大众视野。IBM 的软件独立定价，为其赢得了意想不到的成功和收益。在美国初尝甜头后，当时的英国、德国、法国等欧洲国家看到了新的商机，一批又一批独立的软件公司在欧洲出现，为后续 20 年欧洲软件企业突破美国的封锁打下了基础。在长达半个世纪的时间里，全球软件市场被美欧瓜分，雄霸一时。

图 4-5　国际商业机器公司 IBM

图片来源：网络引用。

中国基础软件业起步较晚，技术创新能力不足，难以满足国内基础软件市场的实际需求。1999年，时任科技部副部长徐冠华曾说，中国信息产业"缺芯少魂"。这里的"芯"指的是芯片，"魂"就是操作系统，也就是基础软件里极为重要的一部分（图4-6）。从1999年到2022年，23年过去了，缺芯少魂的现状依然没有得到缓解。当所有企业把注意力都放在芯片上时，我们必须清醒认识到：基础软件是一个差距更大、难度更大、更需要重视和扶持的领域，没有"魂"的存在，"芯"也不过是"死芯"罢了。

图 4-6　基础软件

图片来源：网络引用。

基础软件包括数据库、操作系统、工具软件等领域。2020年，美国基础软件业务收入为0.81万亿美元，占据全球该领域业务收入的80%。中国在该领域的业务收入为0.036万亿美元，仅为美国的4%。我国基础软件份额少，国内市场也被海外厂商垄断。国产基础软件在国内市场份额仅为5%，国产操作系统的国内市场份额仅为4%，国产数据库在国内市场份额仅为6%。

当基础软件频频被作为向中国施压的工具时，中国软件业才恍然醒悟，我们在基础软件研制和发展的过程中，没有备选的规划。2020年，国内多所知名高校被禁止使用 Matlab，这直接导致涉事高校的教师和学生在论文报告中不能再使用 Matlab 软件所得到的数据、图表，这在很大程度上直接影响学校未来的教育教研工作。2020年 CentOS 宣布进行策略变更，我国使用该操作系统的用户瞬间慌了心神，赶紧寻找替代方案，但需要面临高昂的成本和巨大迁移难度的挑战。2022年，Oracle、SAP 等软件巨头宣布暂停对俄罗斯提供所有服务。历史总是惊人的相似，谁掌握了核心底层技术，谁就掌握了最终话语权。要么建立自己的技术帝国，要么沦落为最底层的打工者。

值得庆幸的是，我国基础软件虽然起步晚、基础弱，但也并不是一蹶不振，而是长年累月地在提升，国产自研的华为鸿蒙系统成功发布，国产基础软件 DEEP IN 深度、统信 UOS、麒麟 OS 在多个关键行业的成功应用，让国内基础软件产业看到了曙光。

苦练内功，化危为机。"百舸争流千帆竞，敢立潮头唱大风"。国外的龙头软件企业如 IBM、SAP 等始终能屹立于产业前沿，这不只是因为他们敏锐把握到产业发展趋势，更源自他们多年来对于核心技术的坚守和持续投入，雄厚的技术基础让他们在一次次危机和转型中处乱不惊、化险为夷。在数字化时代，我国基础软件企业切不可被密集涌现的新理论、新概念、新技术打乱方向，一定要修炼技术内功，打造自己的看家本领和杀手锏，不可单打独斗，应广泛联合国内企业伙伴，打造我国的数字化产业生态，才能在数字时代从容应对，打造一片属于自己的天地。

探源溯本,立根铸魂。计算机和芯片,通过"0"与"1"的组合、模拟量与数字量的转化,共同构筑了数字化时代的"根"。随着计算机、芯片的迅速发展,根基的不断成长,基础软件作为数字时代的关键引擎,为"根"铸"魂"。数字时代已经到来,在国内各企业不断创新努力下,我们将共同迈入数字时代的星辰大海。

4.2 裂变崛起：互联网的诞生与繁荣

从实验室走向大众，世界变了

诞生于 20 世纪 60 年代末的阿帕网（ARPAnet）被看作是现在互联网的前身，当时，只连接了 4 台主机的 ARPAnet，较好地解决了异种机的网络互联问题，它作为互联网（Internet）的早期骨干网，试验并验证了互联网的基础理念和技术。在那个遥远的年代，那个"粗糙"的网络奠定了现在互联网的基本架构。阿帕网最初仅实现了"让计算机相互交谈"的目标，"让网络互相交谈"成为当时的军事梦想，也正是这个军事梦想成就了互联网梦想。这个梦想在 1974 年被实现了——当今国际互联网最基本的 TCP/IP 协议被发明（图 4-7），掀起了真正世界范围的互联网浪潮。此前，很多网络仅为各自封闭网络的用户提供服务，此后，不同网络之间都可以进行连接和交互，世界范围的超大网络形成成为可能。

图 4-7　TCP/IP 发明人：温顿·瑟夫和罗伯特·卡恩

图片来源：网络引用。

20 世纪 90 年代初的一个圣诞节，蒂姆·伯纳斯·李制作了第一个网页浏览器（编辑器）World Wide Web 和第一个网页服务器，被称为互联网发展划时代分水岭的万维网横空出世，推动互联网大规模地向普通大众普及（图 4-8）。互联网内容的显示格式被统一，通过HTTP 协议和 DNS 域名，普通大众输入"WWW"就可以遨游互联网的海洋，万维网的 B/S 架构也沿用至今，成为互联网最核心的架构。

图 4-8　万维网发明人：蒂姆·伯纳斯·李

图片来源：网络引用。

网络的连接，让通信更加方便，更多科学家试图研究如何通过网络进行交流。1971 年，带有"@"标志的电子邮件被美国麻省理工学院雷·汤姆森博士发明，成为最先被发明的网络交流手段。1978年，芝加哥的暴风雪造就了电子公告栏系统（BBS）；1979 年，新闻组网络系统的发展，使得网络用户可以进行信息交互；1982 年，第一个互联网表情诞生，最划时代的网络交流工具非 ICQ 莫属了，这款由以色列人发明的支持文件传输和即时交流的工具在中国被 QQ 替代。同时，图形界面浏览器 NSCA Mosaic 被开发出来、搜索引擎阿奇（Archie）的诞生、在线搜索引擎谷歌（Google）的发明、博客的出现和繁荣，让各种社交平台如雨后春笋般出现，使得互联网承载的服务内容更加丰富。

进入 21 世纪，互联网技术继续高歌猛进，电子邮件、BBS、博客、社交网站的发展等进一步凸显了网络的价值，互联网步入下一阶段。无线技术的诞生和发展，智能手机的普及，让网络连接的空间限制被打破，让互联网跳出计算机的范畴，投入智能手机的怀抱。互联网技术频繁迭代，网络速度迅速提升，网络容量幂级增长，平台经济、直播电商、网红带货等迅速蹿红，创新着互联网时代的商业模式。

互联网自诞生以来，它一直扮演着"结构破坏者"的角色。正如熊彼特提出创造性破坏理论，经济创新过程是改变经济结构的创造性破坏过程。经济创新不断地从内部使经济结构革命化，不断地破坏旧结构，不断地创造新结构。互联网实现了分享模式、传统商业模式等的变革，消费者和生产者可以直接接触，传统经济疆域被打破，新的互联网经济实现创新发展。首先，我们看到，当互联网发展到一定规模，其边际成本为零时，互联网企业通过免费或者很低的价格就可以为用户提供内容和服务，企业用内容和服务换取用户浏览广告，广告费成为企业的主要利润来源，互联网企业会为了扩大网站规模提供越来越多满足用户需求的信息，导致越来越多用户抛弃传统媒体。传统报纸、期刊、广播、电视等行业广告收入骤减，如美国三大报纸《华盛顿邮报》《洛杉矶时报》和《芝加哥论坛报》申请破产保护,创刊于 20 世纪 80 年代的美国主流新闻杂志《新闻周刊》停止纸质版发行。在传统商业模式领域,互联网为交易双方提供基础设施,将买家和卖家直接联系起来,经纪人的利润通常来自服务费或佣金,卖家或买家(或同时)为每笔交易支付费用,"用户锚定,强者恒强"的网络效应更加凸显。例如,亚马逊颠覆了零售业的格局;没有一间酒店的爱彼迎,却能提供超过 700 万间客房,让全球用户选择;而滴滴则改变了人们的出行方式和出行习惯,提高了交通效率。互联网迅速冲击了传统的零售业、酒店业、旅游业等,曾经 2000 亿美元市值的美国最大百货零售企业西尔斯宣告破产,家乐福大幅裁员,退出了全球众多市场。

短短的几十年,互联网的发展将世界变成了地球村,旧的世界在新的连接中瓦解,新的社会秩序正在慢慢重建。数字革命继续深入扩张,经济、政治、军事、产业、消费等领域纷纷被纳其中,融合成为时代的主旋律,网络空间、数字经济、产业互联、消费互联、数字农业纷纷登上历史舞台。

狂飙突进的互联网神话

随着基础设施的日益普及发展,技术标准逐步完善,内容和应用蓬勃发展,商业模式不断创新,互联网步入爆发式发展的黄金赛道。当越来越多的人、物、机器、流程、价值链等实现互连,消费模式、运营模式、商业模式、流通模式等迅速被创新和发展,新模式、新业态、新服务百花齐放，并凭借网络成指数级扩张，互联网创造了全新的商业神话，在打破旧格局的同时，也带来了空前的机遇，创造了蕴含着非凡的技术革新和创富机会的巨大蓝海，怀揣梦想的年轻人在硅谷、班加罗尔、北京、杭州等地开始他们的探梦之旅。

1994 年，网景公司（Netscape）的诞生被视为互联网商业化浪潮的里程碑，1995 年 8 月 9 日网景公司 IPO，开盘仅 1 分钟，股价就从 28 美元冲到了 70 美元，也就是说网景公司仅用 1 分钟的时间就实现了通用公司花 43 年才达到的 27 亿美元市值。1996 年，Hotmail 正式开始商业运作，可供全球任何人通过网页浏览器进行读取并免费收发电子邮件，到 1997 年年末，仅有 26 名员工的 Hotmail 被微软以 4 亿美元收购，造就了互联网领域又一个财富神话。1997 年，Netflix 成立，它最初在网上售卖 DVD，2018 年 5 月，Netflix 的市值达到了 1526 亿美元，超越了 95 岁的迪士尼，成为全球市值最高的媒体公司。1995 年贝索斯创立亚马逊，上线两个月，营业额做到每周 2 万美元，客户遍及全球 50 多个国家，创业仅 3 年，亚马逊就成功上市。互联网史上最疯狂的 1999 年，全美 70% 以上的风险投资涌入互联网行业，超过以往 15 年的总和；457 家完成公开上市的企业多数与互联网相关，其中 117 家在上市首日股价翻番。

同样，在大洋彼岸的中国，中国互联网群雄并起，也在迅速复制美国的模式，到美国上市。1995 年，张树新创立北京瀛海威信息通信公司，这家仅存活 9 年的公司是中国第一家互联网公司；1996 年，张朝阳离开 ISI 创立爱特信，1998 年更名为搜狐网，1998 年，张朝阳入选美国《时代》周刊评出的全球计算机数字化领域 50 名风云人物；丁磊 1997 年创立网易，并开通电子邮件服务，成为中国门户网站的先行者；马化腾 1998 年创立腾讯；1998 年，四通利方与华渊资讯合并建立新浪网，王志东出任掌门人；马云 1999 年推出电子商务网站——阿里巴巴，2000 年登上美国《福布斯》封面；1999 年，8848、携程、当当、易趣、天涯、Chinaren、红袖添香、盛大纷纷上线。2000 年，以李彦宏为首的"百度七剑客"推出中文搜索引擎。2000 年，网易、搜狐、新浪三大门户网站巨头相继在纳斯达克挂牌上市，其当时的地位堪比 10 年后的 BAT（百度、阿里巴巴、腾讯）。

彼时，互联网以无与伦比的发展速度和创造财富的能力，成为企业家、投资人竞相追逐的对象。世界为之疯狂，互联网创业和投资的大热潮催动了互联网企业的野蛮生长。彼时，亚马逊所代表的互联网商业模式——前缀投资，仅凭"e-"前缀，就可以在股市呼风唤雨，其成立之初完全不在乎利润。然而，足够多的金钱垒起的泡沫，随着 2000 年微软的反垄断判决，最终被戳破，无数人倾家荡产。从 2000 年 3 月到 2002 年 10 月，IT 业界蒸发了 5 万亿美元的市值（图 4-9）。谁能为蒸发掉的金钱买单？亚马逊、谷歌、微软等网络科技公司，还是广大股民？谁都不例外。互联网界经历了"至暗时刻"，52% 的公司在这次危机中破产，大多数互联网公司的市值跌了 75%，即使是经营情况良好的亚马逊和 Ebay，市值也跌了一半。

单位：点

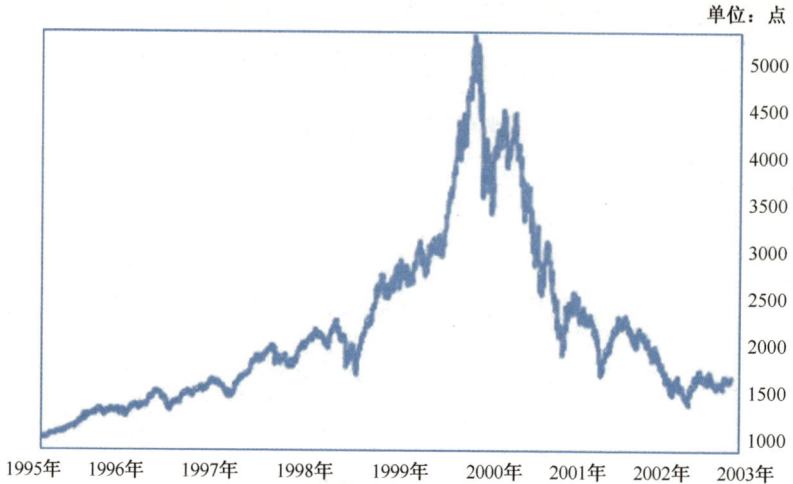

图 4-9　纳斯达克指数在新千年时暴跌

图片来源：网络引用。

　　然而，历史发展的事实再一次证明，伴随互联网成长起来的网络科技企业，骨子里的互联网基因注定其是可以持久生存和盈利的。经历了千禧年泡沫的互联网企业，亚马逊、网易、苹果等依然在互联网浪潮中乘风破浪，纷纷在此后的 20 年里成长为全球顶尖的巨无霸企业。

开疆拓土的互联网帝国

　　互联网的成长史，一开始就注定是无疆界的。在互联网世界，人人都是创作者。而信息一经发布，在全球任何地方都可以立刻访问，信息的疆界和门槛被打破。从泡沫中走出来的互联网企业，依托互联网和不断发展的新一代信息技术，开启了创新、整合、转型的变革历程。2004 年，面向大学生开放的 Facebook 推出。2005 年 YouTube 的推出，使得大众可以在网络上免费分享视频。第一代 iPhone 于 2007 年发布，移动互联网时代正式开启，2008 年苹果正式推出应用商店 App Store，使得互联网开发和应用模式发生重大变革。2008 年，谷歌发布了免费开源的 Android 1.0 系统，开放式的架构、平台化的部署模式，极大地释放了软件开发的生产力，充分满足了人们的多元化需求。全球互联网由此迅速从个人计算机（PC）时代进入移动互联网时代，告别了网线的束缚，人们生活和工作的方式发生了彻底的变化。

互联网企业在世界各国、所有产业、所有领域继续开疆拓土，在广度深度、横向纵向各个维度不断渗透整合，在网络空间为人类开创了新的天地。互联网继续创造着新的商业奇迹，一个个企业帝国强势崛起，他们创造财富的速度前所未有，对比《财富》发表的"美国企业 500 强排行榜"相关数据，1956 年发布的排行榜中，制造企业占主导地位；而 2018 年之后的排行榜中，互联网企业取代制造企业，占据了主导地位。目前，在全球十大互联网公司中，苹果、微软、谷歌的市值超过万亿美元，全球市值最大的 10 家企业之中有 7 家为互联网企业。每时每刻，互联网公司为全球每个人的工作和生活提供着必不可少的服务。Facebook 是全球最大的社交平台，月活跃用户超过 20 亿人次。Amazon 是世界最大的网络商城，全球市场占有率约 45%。阿里巴巴是全球最大的网络零售商，深耕全球最大的市场——中国市场，同时不断向世界扩张，它深刻改变了零售业的现状。腾讯是中国最大的社交网络平台，腾讯的微信支付每日交易量超过惊人的 10 亿笔。百度是中国第一大搜索引擎，它的大数据和人工智能未来一片光明。互联网新贵——字节跳动近几年凭借今日头条和抖音两大热门 App 成为互联网领域的前端，通过算法和内容打造数据和流量，字节跳动在短短 9 年的时间里一跃成为全球最大的独角兽企业之一。

互联网巨头除了本身巨无霸般的体量，还形成了以自身为中心的巨大生态体系，为帝国持续输送流量和利润。例如，一直被认为是电子商务公司的亚马逊，2006 年就推出了云计算方面的 Web 服务（AWS），比微软 Azure 早了 4 年，比谷歌云早了 7 年。发展到现在，亚马逊的业务从云计算到广告业务再到流媒体，形成了支撑该企业的五大柱石：亚马逊商城、亚马逊 AWS 云服务、Alexa 智能音箱、全食超市、亚马逊 Prime 服务。再来看中国的 IT 两巨头，2021年 11 月底，阿里巴巴市值为 4569 亿美元，腾讯为 6295 亿美元，员工总数达到数十万人，在阿里巴巴和腾讯各自的身边，已形成超过10 万亿市值的生态企业圈。据统计，截至 2020 年，全球 586 家独角兽公司中，阿里巴巴投资了 44 家，腾讯投资了 52 家。中国前 30 大App，70% 隶属于阿里巴巴和腾讯。在过去 6 年里，阿里巴巴每赚100 元，会拿出 80 元进行投资。阿里巴巴围绕信息流、物流、资金流在电商新零售、媒体娱乐、物流、生活服务及健康领域布局。腾讯是美团、京东、腾讯音乐、蔚来等 11 家公司的第一大股东，拼多多、贝壳找房、哔哩哔哩等的第二大股东。阿里巴巴和腾讯已在不知不觉中构筑了 20 万亿元人民币的生态体系，从个人生活到工业生产，互联网巨头已经深度渗透在各个领域、各个行业。

茶余饭后

苹果公司的生态系统

作为全球计算机产业先驱的苹果公司成立于1976年，其在20世纪80年代中期曾经历过辉煌的发展阶段。2001年，苹果加快互联网转型，以iPod+iTunes的商业模式整合在线音乐资源为突破口，在取得成功后把商业模式复制到移动终端（iPhone）和平板电脑（iPad）领域，同时加大软件产品的开发力度，打造了一个基于终端产品的产业链生态系统，涵盖了终端、平台软件、应用软件、服务内容，通过互联网构建了一个整合移动通信终端及内容产业相关上下游资源的生态系统，苹果重新走向了快速发展的新轨道（图4-10）。

图4-10 苹果产品生态

图片来源：网络引用。

互联网的另一张面孔

当前，互联网发展进入新的阶段，芯片技术、传感器、云计算、人工智能、VR/AR等技术飞速发展，智能化成为普遍现象，元宇宙在人们的想象中日渐清晰。互联网深刻改变了人们沟通模式、学习模式、生活方式、工作方式等，带来了更加便捷、高效、高质量、丰富多彩的生活，推动了社会文明的发展进步。然而，互联网的美好并非毫无代价，应用的日益深化，众多行业被颠覆，传统的利益格局被打破，企业无视个体利益，个人隐私遭到损害、全球数字鸿沟加剧、P2P暴雷、网络诈骗、网络暴力等问题层出不穷，互联网逐渐显露出了它的另一张面孔。内容中立的互联网被武器化，地缘政治强力介入，大国博弈升温，互联网未来何去何从令人担忧。超级平台在未来很可能成为主导全球秩序的重要工具，全球治理进入一个前所未有的新时代，如何平衡超级平台的发展和治理将成为一个重大难题……这些都是互联网未来发展必须直面的现实问题。

互联网发展早期阶段，法律和监管相对滞后于技术进步，大量互联网公司充分利用这一"空挡期"，布局圈地，快速发展，收割了开发红利。当互联网覆盖全球近一半人口，成为最通用的信息获取和服务交付模式时，掌握巨大资源的平台已经成为事实上的公共基础设施看门人，放任巨头企业以逐利的眼光看管涉及公众利益的互联网，势必造成现实的扭曲。一些互联网企业出现了行业垄断现象，实体经济时刻面临着被挤压到崩溃边缘的危险。数字鸿沟问题日益严重，全球数十亿没有上网的人口被数字时代抛在队尾，他们在教育、医疗健康、金融等各方面的权益将无法得到保障。基于目前大数据、云计算、人工智能等技术手段的不断发展，企业通过对用户隐私数据的学习，出现了歧视与偏见、大数据"杀熟"、"致瘾性推荐"等伦理问题和乱象（图4-11）。网络安全问题日益突出，网络安全漏洞逐步暴露，恶意威胁和攻击日益增多,安全事件与日俱增,与互联网相关的国家、企业、公民甚至联网机器等都不同程度地受到了威胁,给国家经济社会带来了重大影响。除了上述问题,互联网的影响力也深刻影响到社会生活的各个方面,人们熟知的虚假医疗信息等事件无一不是通过网络推波助澜的。2009年,互联网的能量已经发展到能够颠覆政权,撼动政治体系的程度。2009年4月,摩尔多瓦发生"颜色革命",Twitter信息的传播是主要的引爆点,Twitter是反对者组织交流的主要工具。最近10年,一方面是美国FAAMG(Facebook、Apple、Amazon、Microsoft、Google)和中国BAT(百度、阿里巴巴、腾讯)等超级平台的强力崛起,另一方面是以政府力量开始深度介入互联网领域,互联网已经成为影响国际关系和国际秩序的重大变量。当前,互联网治理成为全球重要议题,野蛮生长阶段的互联网,已经将太多精力和资源放在企业增长上,未来需要补上监管、社会责任这门课,只有这样才能实现可持续发展,造福人类社会。

图4-11 少年网络成瘾和大数据杀熟

图片来源:网络引用。

互联网是人类文明发展历史上重大的科技进步,它走过的每一步,都蕴含着科技的智慧、美好的情怀、前瞻的视野,在深深改变人们日常生活工作方式之后,它正在快速向传统产业渗透,工业互联网的发展即将开启新工业革命的序幕。

4.3　如日方升：工业互联网的进击发展之路

物理实体与虚拟实体的双向映射与交互融合，工业互联网时代拉开序幕。互联网将网笼罩在消费各环节上，便可实现日常生活中各应用场景的连接和交互，与此同理，将网笼罩在工业全生命周期各个环节，是否便可实现人、机、料、法、环等资源的互联互通和集成交互呢？互联网的产生和发展为工业领域的数字化转型升级提供了新的技术和新的思路，工业互联网应运而生（图 4-12）。

图 4-12　工业互联网实现资源间联通

图片来源：网络引用。

工业互联网点亮了制造业发展的新时代，并为第四次工业革命奠定了基石。2012 年 11 月，GE 首次提出工业互联网的概念，它是新一代信息技术与先进制造业深度融合所形成的新兴业态和应用模式。此后，工业互联网及相关产业迅速发展，美国、德国、日本纷纷加快工业互联网战略规划、技术研发和产业应用。2012 年 11 月，GE 发布的《工业互联网：打破智慧与机器的边界》白皮书中提出了著名的"1%的威力"概念：工业互联网的推广和实施可以为工业领域带来1%成本的节省，也将产生巨大的效益。在第三章中提到，2014年，GE、AT&T、IBM、Cisco、Intel等科技巨头成立了工业互联网联盟（IIC，Industrial Internet Consortium），这一度成为全球工业互联网发展的风向标（图4-13）。

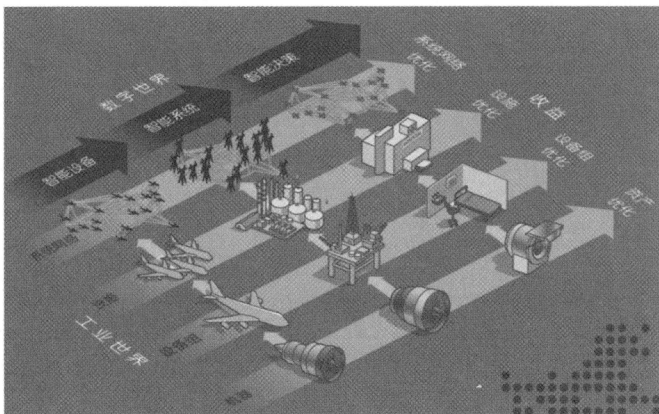

图 4-13　工业互联网应用

图片来源：网络引用。

古人云："以铜为鉴，可以正衣冠；以人为鉴，可以明得失；以史为鉴，可以知兴替。"前进的中国一直都在汲取其他国家发展的优秀经验。2015年后我国陆续发布了多项国家级规划，加速推动工业互联网创新发展。整体来说，我国工业互联网的发展虽然起步较晚，但是在各级政府、科研机构、工业互联网平台服务商、制造业龙头企业的大力推动下，工业互联网浇灌下的制造业之花正逐渐在华夏大地落地生根、开花结果。

除上述国家，英国、法国、韩国、印度、俄罗斯等众多国家也纷纷基于自身的产业优势和创新技术，积极推动工业互联网建设和应用。而纵观全球各国的工业互联网发展历程，虽然每个国家对于这一新兴概念解释有所不同，但殊途同归，都离不开工业软件、工业操作系统、工业互联互通和工业知识沉淀等技术和模式的创新应用，下面将紧密围绕这 4 个方面为读者徐徐展开工业互联网发展的壮丽画卷。

工业软件

2020 年 5 月 23 日，哈尔滨工业大学和哈尔滨工程大学被列入"实体清单"，随后，美国软件公司 MathWorks 宣布取消对多所院校的 Matlab 正版授权。在制造业中，工业软件是基础资源，正如没有锯子便无法分割，没有胶子便无法粘接，如果没有工业软件，工业领域的生产、管理和运行工作便寸步难行。当前，工业软件作为数字经济时代工业领域的"皇冠"，以及"工业制造的大脑和神经"，已渗透并应用到工业领域的各个核心环节，并逐渐成为工业互联网落地实践的必需品之一。

工业软件是工业企业推动自身业务运转、实现降本增效、提升企业竞争力的必要手段，以及各国实现经济增长和技术创新的重要助推器。随着互联网、大数据、人工智能等新一代信息技术与制造业加速融合发展，CAD、CAE、CAM、PLM、MES 等各类工业软件在各工业企业的研发设计、生产制造、运维服务等过程中，不断交叉融合渗透，逐渐形成了工业互联网平台的雏形。例如，工业自动化领域的全球十大巨头之一、拥有百年历史的罗克韦尔自动化公司从 1994 年便开始从事工业软件研发设计工作，并成功研发了 FactoryTalk 平台。该平台可部署各种自动化技术及信息技术，为工业软件在平台上的调用和管理提供全流程解决方案，满足了现代制造工厂广泛的信息管理需求。同时，FactoryTalk 平台的构建和应用也为罗克韦尔在工业软件的国际竞争中赢得了举足轻重的地位。可以说在这个时期，实现了工业软件研发和应用的企业便拥有了先人一步的市场优势，而基于众多工业软件的集成打造平台化生态的企业更是具备了显著的行业领先地位。

随着工业软件和相关平台建设发展的不断推进，使用过程复杂、单一且孤立的工业软件已逐渐无法满足工业建设发展需要，工业软件开始向工业互联网的方向加速转型升级。在此背景下，万物互联、数据驱动、软件定义、平台支撑、智能主导等工业新特点和新趋势逐渐深入人心，云化、平台化、开放化和生态化也逐渐成为工业软件新的演进方向（图 4-14）。工业互联网为工业软件的优化改进提供了全新的思路，相关操作人员只需要通过简单的点击操作，便可以实现对诸多工业软件的调用甚至研发。工业互联网的发展推动了工业软件使用方法和流程的简化，并带动了工业软件应用范围的扩大和应用深度的提升。

在工业互联网应用发展的背景下，工业企业数字化转型的需求发生了剧烈变化，国内外诸多工业软件企业纷纷开始探索推进工业软件云化迭代升级，加速企业稳健发展的最终路线。以我国工业软件企业典型代表山东山大华天软件有限公司（简称"山大华天"）为例。作为 20 世纪 80～90 年代 CAD 发展潮流中创办的企业，山大华天致力于打破国际工业软件巨头垄断。2009 年 4 月，山大华天打造出具有完全自主知识产权的三维 CAD 软件，打破了国外产品在我国的垄断。而在工业互联网的浪潮下，山大华天也紧抓满足制造业设计模式由传统单机向多人协同设计转变的相关需求，全力推进 CAD 云化研究。2021 年，国内首款基于云架构的三维 CAD 平台 CrownCAD 问世，至此，山大华天仅用 10 年时间就实现了将两大三维 CAD 核心技术抓在自己手中的目标（图 4-15）。

如今山大华天已成为我国最大的工业软件企业之一，也是国内唯一能同时提供三维 CAD、PLM（产品全生命周期）软件和嵌入式软件等全线自主软件产品和服务的企业，其成长历程是中国科技企业从"混沌"再到"光明"的典型缩影。我们分析其中的原因可以看出，山大华天之所以能在三十而立的年纪迎来新的发展，靠的就是其长年技术研发的底气。由此可见，技术是工业软件企业制胜的关键法宝，唯有苦练内功，方可百战百胜。

图 4-14 工业云化

图片来源：网络引用。

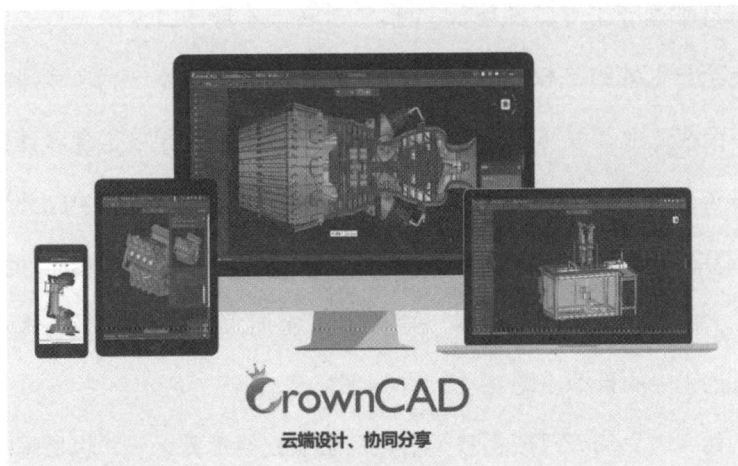

图 4-15　基于云架构的三维 CAD 平台 CrownCAD

图片来源：网络引用。

工业操作系统

2019 年 8 月 9 日，华为公司正式发布了鸿蒙系统（HarmonyOS），2020 年 9 月 10 日，华为鸿蒙系统升级至 HarmonyOS 2.0 版本。鸿蒙系统是中国第一个批量公测的操作系统，也是全球第一个基于微内核的全场景操作系统，它为我国打破安卓、苹果、微软在操作系统领域的垄断提供了可能。自 2019 年起，鸿蒙便从未离开过舆论中心，作为万物互联时代的钥匙，该操作系统也逐渐为大众所认知。

提到操作系统，我们便不可避免地会联想到手机这个移动终端。纵观手机系统发展史，在其中留下浓墨重彩的痕迹的并非仅有我们所熟知的 Android 系统和 iOS 系统。1998 年，英国公司 Psion 联手当时的手机巨头诺基亚、爱立信、摩托罗拉组建了 Symbian（塞班）公司。一年后的 1999 年，塞班公司的 Symbian 5.0 操作系统问世，并随着诺基亚手机的热销迅速在全球得到推广。但塞班的辉煌成就并没有持续很久。2007 年和 2008 年，苹果和谷歌分别发布了 iOS 1.0 系统和 Android 1.0 系统，此后 iOS 和 Android 飞速发展，加之塞班盟友的貌合神离等，原本就不够完善的塞班的产业生态进一步瓦解。直到 2011 年 12 月 21 日，诺基亚官方宣布放弃塞班品牌，曾经风光无限的塞班系统正式退出市场，移动终端行业最终呈现出当前的 iOS 系统和 Android 系统双足鼎立的局面（图 4-16）。

图 4-16　iOS 系统和 Android 系统的双足鼎立
图片来源：网络引用。

视角回到工业端，工业操作系统作为各项工业应用软件（功能）的平台，已然成为工业转型升级跳动的心脏，VxWorks、FreeRTOS、QNX 等工业嵌入式的操作系统逐渐占据工业操作系统主流，但目前在全球范围内尚未形成可以实现垄断的工业操作系统。当前，世界各国工业自动化领域的巨头正积极开发并推出自己的工业操作系统平台。在诸多工业操作系统中，有风光一时但走向沉寂的，如 2013 年 GE 推出的全球第一个为工业数据分析而开发的专业操作系统——Predix 平台；也有稳扎稳打蒸蒸日上的操作系统，如 2016 年 4 月由西门子研发并发布的 MindSphere 开放式物联网操作系统（图 4-17）。后者可完成产品、工厂、系统和机器设备之间的连接，并提供功能强大的工业应用和数字化服务。在随后的时间里，西门子不断加速 MindSphere 产业布局，在实现了与世界前两大云基础设施服务商（IaaS）亚马逊、微软"联姻"的同时，也不断推进其在中欧、北欧、美国、英国、南欧的系统建设。2019 年 4 月，MindSphere 完成在阿里云的部署，并正式面向中国地区提供相应服务。至此，西门子所造就的工业互联网产业生态逐步建成并日益完善，为其后续发展奠定了坚实基础。除上述企业，IBM、微软、SAP、ABB 等龙头企业也纷纷开始涉足工业操作系统领域，逐渐在全球呈现出多足鼎立的局面。

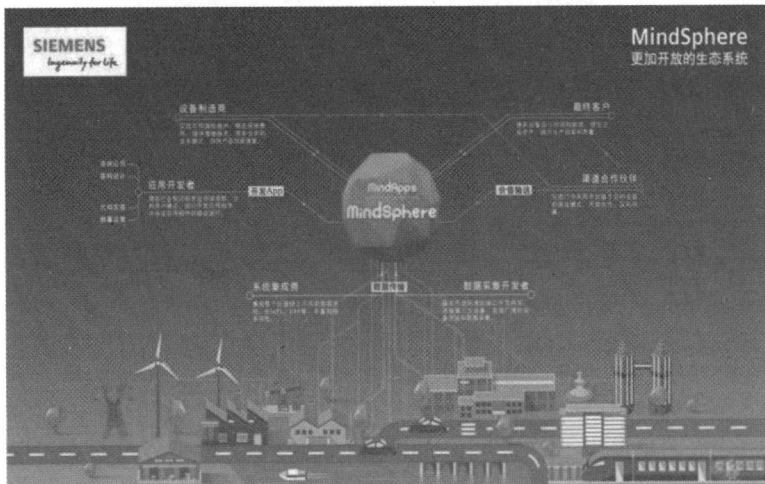

图 4-17　西门子 MindSphere 系统

图片来源：网络引用。

紧跟全球工业操作系统的发展脚步，我国各工业企业也纷纷加快工业操作系统的研制开发。2018 年，国内首个具备自主知识产权的工业操作系统，由浙江蓝卓工业互联网信息技术有限公司开发的 supOS 正式问世（图 4-18）。supOS 可实现基于"工业操作系统 OS+ 工业 Apps"构架的新一代智能工厂应用模式，完成将工厂传统"烟囱式"业务软件向可运行工业 App 的转变。拿手机作为类比，这种构架类似"Android+ 应用商店"或"iOS+App Store"的形式。通过商城式的工作模式，工业操作系统打破了传统工业软件构建和应用的封闭体系，颠覆工业软件的供应模式，从而加速工业互联网的建设应用，并为制造业数字化转型提供新的发展模式。

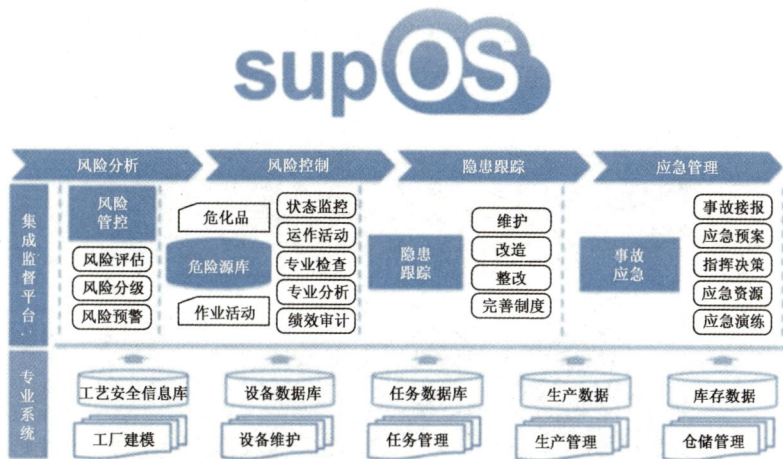

图 4-18　蓝卓开发的 supOS 操作系统

图片来源：网络引用。

与此同时，我们也必须看到我国工业操作系统领域发展的不足。目前，国外的工业嵌入式的操作系统在中国市场的比例高达 87%，我国拥有原创工业操作系统的企业寥寥无几，危机愈演愈烈。为此，我国还需加快建设工业操作系统的开源开放生态，构建工业操作系统开发、产业实践和生态构建的规模化发展模式，降低工业操作系统的建设成本，并从根本上扭转"造不如买，买不如租"的局面。

工业互联互通

2005年，美国通用电气公司（GE）与意大利航空公司合作，为该航司的飞机安装上百个传感器，以实时获取飞机发动机状态、温度、油耗等各类运行数据（图 4-19）。GE 依托所安装的传感器开展数据挖掘分析，可以实现对飞机健康状态的优化管理，每年为航司节省高达 1500 万美元的燃油成本，同时能够提前预知飞机的故障问题，延长飞机的使用寿命，由此可见设备互联在降本增效和设备管控方面的巨大应用价值。

图 4-19　GE 推动航空公司的数字化转型

图片来源：网络引用。

早期工业现场存在着大量的"哑设备"，Modbus、RS-232、RS-485、HART、Profibus、PowerLink、Ethercat、MPI 等多种设备通信协议错综复杂，联通难度较大，企业需要耗费大量的精力实现设备的连接。随着信息技术的发展，工业领域为实现各种资源之间的互联互通开展了诸多探索，从用于数控装备领域通信的 MTConnect 协议、NC-Link 协议，到支持工业领域广泛连接的 OPC UA（OPC Unified Architecture），各种各样的通信协议不断推动工业领域互联互通的边界向外延伸。以目前广为应用的 OPC UA 为例，该协议定义了一套安全可靠的数据交换传输规范，提供了跨平台的统一信息架构，其中的典型软件代表包括 Kepware、Cogent DataHub、KingView 等。Kepware 作为支持 OPC Server 的典型标杆，从 1995 年便开始研发工业连接解决方案，目前该公司是美国参数公司旗下企业，具备制造、建筑、电力、石油和天然气等工业领域的服务能力，并支持西门子、欧姆龙、施耐德、三菱等品牌的上百种设备的网络接入。

随着工业互联网应用的广度和深度不断提升，工业领域的连接范围也不断扩展。利用工业互联网平台统一连接工业产业链的人、机、料、法、环等相关资源，从而实现制造资源的实时感知和智能交互，并通过对制造资源数据的采集、传输、存储和分析计算，对资源进行智能化管理已经成为诸多工业企业开展数字化转型升级的重要手段，其中的典型代表便包括作为国内第一批国家级跨行业跨领域工业互联网平台企业的树根互联股份有限公司（图 4-20）。树根互联推出的根云平台目前可支持超过 1100 种工业协议、具备千万级的工业设备连接能力、覆盖 48 个工业领域，可为行业用户提供设备状态监控、产品研发生产、资产优化配置、产业链协同运转等方面的智能服务。

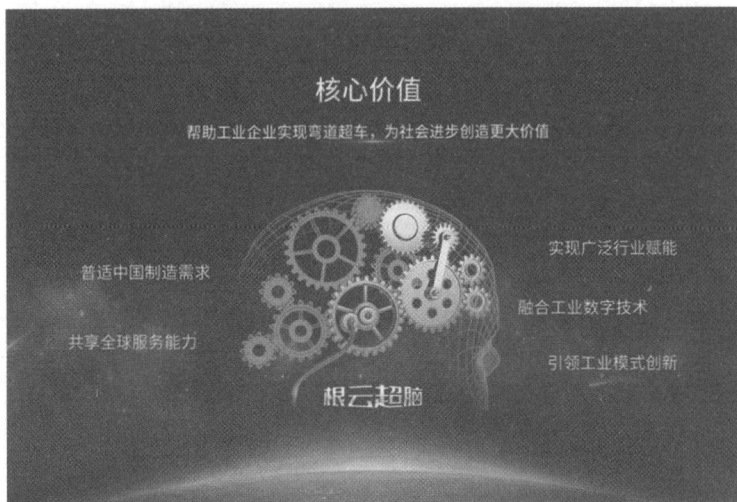

图 4-20　根云工业互联网平台

图片来源：网络引用。

工业互联网平台的应用有效改变了企业的生产方式，实现了从机—物之间的连接到人—机—物互联互通的转变。海尔集团研发设计的具有完全自主知识产权的 COSMOPlat 便是其中的典型代表，是全球首家实现用户全流程参与生产制造的工业互联网平台（图 4-21）。海尔通过 COSMOPlat 将用户的个性化需求与企业柔性生产体系有机结合，以用户需求为指引，驱动企业产品从研发设计、生产制造到服务模式不断创新，企业的发展模式从为用户提供消费品转变为用户提供创新价值服务，用户也从被动的商品消费者转变为主动的价值共创者。目前，工业互联网平台已逐渐成为了加速工业企业数字化、网络化、智能化转型升级的重要保障，推动企业生产方式和组织模式的创新变革。

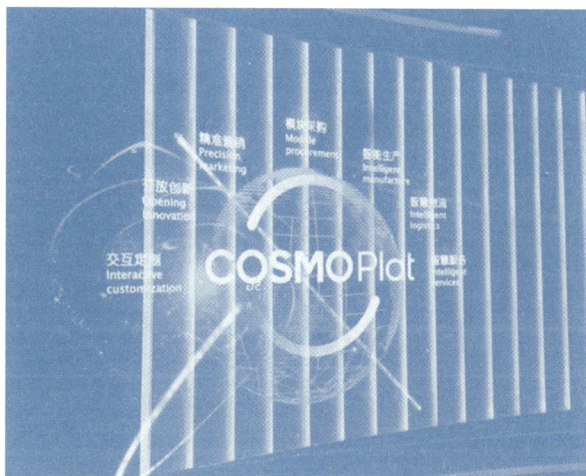

图 4-21　海尔 COSMOPlat 工业互联网平台

图片来源：网络引用。

工业知识沉淀

1965 年，越王勾践青铜剑在湖北省荆州市江陵县出土（图 4-22）。即使深埋地下 2500 多年，越王勾践青铜剑依然寒气凛冽、锋芒逼人，并在 21 世纪的今天显示出古剑难以完美复制的神采和气韵。古代工匠的经验知识传承往往依赖口口相传，而少以文字或图形为载体进行记载。由于大多数古人难以用形象准确的语言描述自己的经验知识，诸多珍贵的知识囿于学识从而在传承过程中出现偏差，并最终遗失在了历史的长河中。梁思成在其著作《中国建筑史》中提到："然术书专偏，士人不解，匠人又困于文字之难，术语日久失用，造法亦渐不解，其书乃为后世之谜。"可见即便是记录于书籍中的经验知识，也会因为种种原因在历史的长河中失去踪迹。因此，后世之人往往需要查阅大量文献、研究访谈记录，并通过挖掘零星记载和只言片语来继续前行。

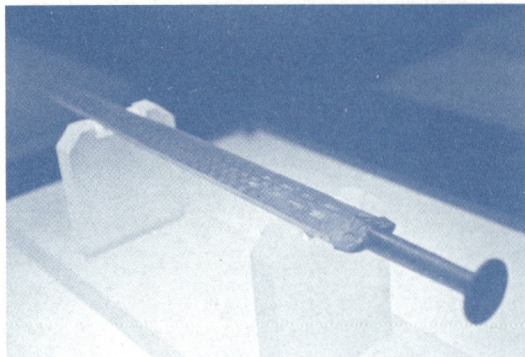

图 4-22　越王勾践青铜剑

图片来源：网络引用。

　　牛顿曾经说过：如果说我看的比别人更远，那是因为我站在巨人的肩膀上。知识的沉淀与传承对个人、企业、社会、国家的发展都起到了至关重要的作用。随着科技的发展，传统的知识传承方式已经难以满足时代发展的需求。而在工业领域，工业知识是企业长久以来积累的工业原理、技术、方法、经验等，更是企业稳定高效运转的基石，对其进行全面系统的挖掘整理和沉淀复用是提升企业核心竞争力的重要保障。但工业领域的知识普遍涉及多个工业门类和多个工业领域，并且普遍采用非结构化、半结构化等方式保存数据，难以被挖掘记录，这导致工业领域往往充斥着大量重复劳动，并进一步造成资源的严重浪费。

　　随着工业互联网的兴起，工业知识沉淀复用的方式也发生了新的变化，工业机理模型、工业 App、工业软件等工业知识模型化、软件化的显性表现形式如雨后春笋般迅速涌现。俯瞰全球，长期以来，在工业知识的利用方面，国外企业一直处于垄断地位，并逐渐形成了一个高度惊人的寡头市场。依托于技术铸造的铜墙铁壁，西门子、艾默生、ABB、施耐德、罗克韦尔、三菱、霍尼韦尔等传统大型制造业在工业技术领域坚如磐石，且持续占据主导地位。这导致我国在工业软件、工业操作系统等领域处处受制于人，这已成为我国成为工业强国之路上的关键障碍。为了突破这一困境，我国加快推动工业知识向工业机理模型、工业 App 及工业软件的转变和沉淀。20 多年来，东方国信持续在工业领域深入耕耘（图 4-23），不断推动工业技术、经验、知识的沉淀复用，从大数据算法、工业内部运行规律等方面构建并沉淀形成工业机理模型库，建立基于机理模型与大数据交互融合的技术路线，并将其推广到煤炭、化工、电力等多个行业领域，逐渐形成企业技术实力的"护城河"。

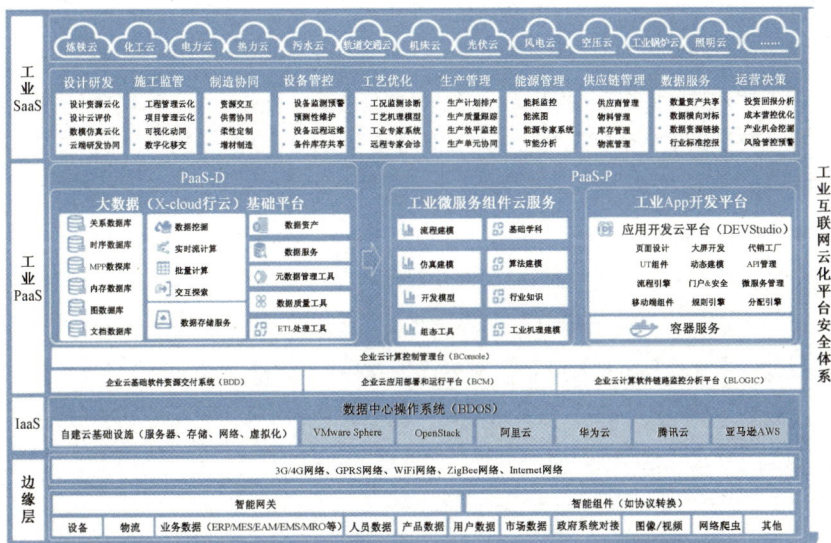

图 4-23　东方国信的钢铁行业解决方案

图片来源：网络引用。

以工业软件为大脑，以工业操作系统为心脏，以遍布全流程的工业互联互通为血管和神经，并以工业知识的沉淀复用作为坚实的骨骼，有血有肉的工业互联网由此诞生。而当前，在新一代信息技术与制造业深度融合发展的时代背景下，在诸多工业企业、行业组织及各级政府的不断努力下，工业互联网正迎着数字时代发展的浪潮，精进不休、茁壮成长。

➡ **茶余饭后**

GE 是先驱亦是先烈

GE 于 2013 年推出全球第一个为工业数据分析而开发的专业操作系统——Predix 平台，这也被认为是全球第一个工业互联网平台的前身。随着制造业智能化技术的不断发展，GE 公司管理者将 Predix 进行升级，扩充了连接设备，允许连接各类设备、传感器和控制系统，新增边缘计算和云化服务，并允许第三方基于平台进行应用程序的开发，首个面向全球的工业互联网平台形成雏形。GE 的数字化业务发展路径定义为三段走：为公司服务、为顾客服务、为世界服务。无论是企业自身的数字化转型，还是利用其雄厚的专业知识基于 Predix 平台为客户提供增值服务，GE 的第一阶段和第二阶段都是成功的。初尝数字化业务成功甜头后，GE 开始横向跨界，为推动实现为世界服务的目标，GE 将 Predix 平台的战略定位从服务于企业内部和行业客户转变为服务于所有工业领域的协作创新平台，但不同行业发展阶段和需求千差万别，很难覆盖，而且统一的平台难免会让用户对数据安全性保证产生质疑。激进的数字化战略导致 GE 数字业务连年亏损，其股票价格惨遭腰斩并于 2018 年被移出道琼斯工业指数，正是 GE 的战略转变和对战术路径的错判，导致 GE 逐步走下了工业互联网的神坛。

从知识的"口口相传"到模型的"沉淀复用"

格创东智十余年来始终深耕半导体行业，在半导体显示、晶圆制造等领域积累了大量的行业落地经验。半导体制造属于典型的高精密制造，具有工艺复杂、对可靠性要求高、数据海量且分析难度大等特点。半导体行业工业知识显性化难度大、门槛高一直是制约我国半导体工业软件深入发展的关键障碍，导致我国半导体工业软件长期以来高度依赖国外进口。2018年起，格创东智通过自研工业互联网平台不断加快其在半导体行业工业知识、经验的沉淀，目前已形成工业机理和算法模型3万余个，并基于这些模型积累，极大地提升了半导体工业软件的开发效率和产品质量。例如，其基于机理模型库打造的半导体行业的良率分析和品质控制系统，帮助半导体企业解决其生产过程中精细化、自动化管理问题，实现了从设备管理、生产管控、良率分析等方面的全方位优化和提升（图4-24）。

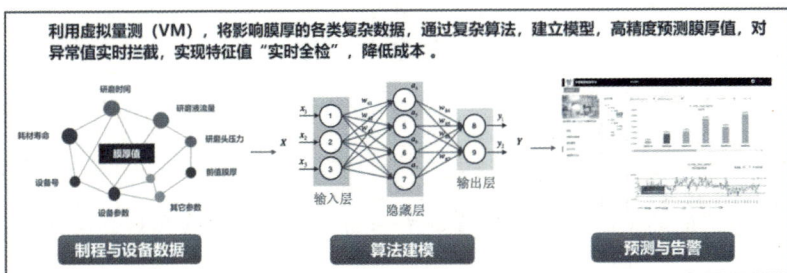

图4-24 格创东智半导体行业虚拟量测解决方案

4.4　玉汝于成：制造业巨头的艰难转型

制造业巨头是数字化转型的引领者

数字化革命来势汹汹，作为国民经济支柱的制造业也不能独善其身，新型计算、人工智能、机器人、增材技术等数字化制造技术如雨后春笋般层出不穷，正在不可遏制地侵蚀着制造业的传统领地，大刀阔斧地重塑产业链各个环节，包括研发设计、生产制造、营销销售、售后服务等。

拥有全球海量装备、产线、供应商、员工、客户的制造业巨头犹如雄鹰一般，敏锐地洞察到新一轮变革，以及由此带来的基础科学、业务模式、商业模式等转型升级。据 E-Works 最新调研的数据显示，高达 92% 的制造业巨头对数字化转型持支持态度，将近 80% 的企业已经制定了数字化转型规划，且超过 40% 的企业将数字化转型作为企业的核心战略，广大制造业巨头纷纷以实际行动涌入数字化转型的洪流。

最近几年来，特别是经历了新冠肺炎疫情、中美贸易摩擦等黑天鹅事件后，制造业作为国民经济的主体行业，被越来越多的国家视为产业转型升级、提升本国竞争力的必争之地。放眼全球，波音、空客、西门子、三菱、菲尼克斯、施耐德等制造业巨头纷纷下注，抢占先机，试图成为数字化转型路上的先锋队。

制造业巨头多年的数字化转型实践证明，"樱桃好吃树难栽"。

在数字化转型浪潮中，既有故步自封、墨守成规的制造业巨头，传统发展模式的温床让企业丧失转型主动性，在温水煮青蛙的牢笼中被时代无情地淘汰；也有制造业巨头企业勇立潮头，在数字化转型大潮中华丽转身，突破已有的藩篱和桎梏，取得了质的飞跃和突破；依然存在大量的制造业巨头企业，在没有前人成熟经验的基础上，作为先驱者艰难摸索适合自身发展的数字化转型的路径。

时代的变迁和发展，犹如一条条奔腾的河流，能把强者平稳地托送过河，也会把弱者拍倒淹没。对制造业发展而言，数字化转型已不是"选择题"，而是关乎生存和长远发展的"必修课"。制造业巨头作为企业数字化转型的领头羊，通过身先士卒探索企业数字化转型发展规律，总结实施路径，将传统业务进行数字化优化和深度革新，推动企业降低成本和能耗，提高设备性能和产品质量，从而快人一步抢占新一轮工业革命的高地，拓展巨头企业生存的新赛道，开辟一片新蓝海。

终结胶卷时代的是数码相机

天下大势，浩浩汤汤，顺之者昌，逆之者亡。胶片时代的全球巨头——柯达，以第一台便携式傻瓜相机布朗尼为契机，催生出了使用廉价相机消费巨量胶卷的商业模式，利润丰厚（图4-25）。随着数码技术从望尘莫及到唾手可得不断蝶变，胶卷时代逐渐成为过去式，数字时代成为新潮流，全球胶卷消费市场呈现断崖式收紧的局面，各大相机生产厂商纷纷向数码领域转型。柯达却舍不得抛弃胶卷，忽略培育先进的数码技术，投入大量资金和人力用来保住胶片销量，导致公司业务发展被同行远远甩在了后面，直至公司消亡。

图 4-25　柯达公司胶卷与数码相机的抉择

图片来源：网络引用。

柯达生于胶片，死于数码，作为延续百年辉煌的摄影器材行业巨擘，从胶片时代的王者走到英雄末路。柯达只是立足于当下时代，众多制造业巨头企业在数字化转型过程中不想转的一个缩影。制造业巨头企业所处状态犹如小马准备第一次趟河，自身对河水深浅和未来收益的认知不清，最终选择回避问题，背着沉重的包袱原地折返。

数字化转型对于制造业巨头来说，也绝非轻而易举，存在重重挑战。埃森哲 2021 年对 30 多家企业高管进行深度访谈，总结出巨头企业数字化转型的三大挑战：一是战略缺位，导致战略与业务两张皮，南辕北辙。二是能力难建，犹如在沙滩上建宫殿，根基不牢。三是价值难现，投资无法持续，形成烂尾工程。

居安思危，可无备御，转型失败的根源在于观念的束缚。这些企业总体数字化意识水平偏低，经营发展思路迟缓和僵化，对数字化转型的规律性和重要性认识不清，沉浸在已有的技术范畴和业务范围的舒适圈，对已有为企业带来的稳定利润的发展模式产生了路径依赖，不愿意在方法不明确、前景不明晰的情况下冒险转型，宁愿紧守一亩三分田，不愿开疆辟土，更不愿失去既得利益，因此转型的积极性和主动性不强。

随着经济社会发展迈入新阶段，以互联网、大数据、人工智能、区块链等为代表的新一代信息技术进入加速创新融合的爆发期，企业数字化转型成为不可逆转的时代潮流，墨守成规、故步自封的制造业巨头企业只能在传统的生产方式和经营理念中不断被超越，数字化转型对于企业尤其是制造业巨头而言就是助力未来产业转型升级、实现可持续发展的锦囊妙计。

突破思想藩篱，道阻且长，行则将至。我国制造业巨头企业平均寿命明显短于发达国家企业，要想延年益寿，只有及时抓住机遇，敢于向舒适宣战，正确认识数字化转型的价值意义，因企制宜，久久为功，积极探索新技术、变通发展新思路、灵活调整新机制，才能平稳越过险滩，到达数字化转型的彼岸。舒适圈固然让企业一时安稳度日，但是终究会造成企业在百舸争流中逐渐与时代脱节，重蹈下一个"柯达"覆辙。

以数字化为双翼迎风腾飞

未能认清数字化发展必然性的制造业巨头，已在历史车轮滚滚向前的过程中折戟沉沙。而在数字化转型道路上坚持开拓的巨头，已有不少取得了阶段性的成果，在全新的领域攻城略地，展开了新时代的竞争。飞机制造商双寡头波音和空客的产品，不论是空客 A230neo 与波音 757MAX，还是空客 A380 与波音 787（图 4-26）的较量，都围绕着数字化这一核心竞争力来展开。波音 787 在研制过程中使用 7000 多款私有软件，基于信息化平台实现全球范围内 135 个地点、180 个供应商的协同设计、制造、测试、交付及销售，实现了研制周期缩短 1/3，研制成本降低 50% 的目标。空客采用达索公司 3D 体验平台统一进行设计、仿真、模拟和制造，使飞机的开发周期和生产成本减少 30% 以上。

图 4-26　美国波音 787 客机

图片来源：网络引用。

仔细观察这些突破了传统制造业思想藩篱、探索出较为成熟转型路径的巨头，不难发现，他们首先都十分认可以数字化手段助力企业效益提升、保持竞争优势地位的发展方式，且愿意为之付出更多的成本来寻求新的发力点。在时代发展变革的过程中，巨头企业往往对于时代的"风吹草动"更为敏感,他们清晰地认识到,唯有一次次的变革创新、不断寻求新的发展路径方能保护自己不会成为时代发展的炮灰。而在第四代工业革命的浪潮下,数字化转型适用于任何类型的企业,是渡厄解灾的良方,唯有紧紧抓住时代转型发展的关键节点,以数字化转型为核心,转变发展思路,才能为自身发展提供源动力。

有了想法,还需要有行动。对于制造业巨头们而言,行业内其他企业所不具备的资源禀赋优势是他们推动数字化转型的底气之一。本就是行业佼佼者的巨头们拥有领导层的科学决策、巨额的资本积累、先进的技术手段及足量的专业人才供给等资源,能够有效地降低风险冲击,为数字化转型提供坚实的基础,企业转型边际收益递减的趋势被充分延缓,巨额的投入往往会为巨头企业带来更为丰厚的回报。

目前,在数字化领域作出成效、摘取果实的巨头,无一不是不惜成本地夯实自身数字化基础,持续创新制造业数字化转型所用的工具、方法和模式,同时尝试基于信息化平台,以价值链为线,以数字技术为针,织就一张纵横交错的数字化转型巨网。巨网笼罩之下,属于制造业巨头自己的数字化王国逐步发育成型,数字化转型的规则附加上了巨头企业的意志,这成为它们在新时期能够屹立不倒的根基。

百尺竿头,更进一步。对于目前走在时代前列的制造业巨头来讲,其转型之路远不止于此。随着全球化竞争加剧,对制造业这种依靠全球性资源调度来降低成本、提高效益的行业来说,一颗螺钉也是必争之地。能够立于数字时代潮头的巨头,必然锐意进取、敢于拼搏,能够以大魄力和大智慧,抢在竞争者之前探索出适合自己的转型道路,率先借助数字化转型的双翼杀出重围、振翅腾飞，将自己送入更加广阔高空。

拨开数字化无人区的重重迷雾

即使冲破了故步自封的思想藩篱，也只是迈出了数字化转型漫漫长路上的第一步。而后的每一步，都被重重迷雾笼罩，步步险阻，困难重重。

德国传统产业巨头西门子（图4-27），不缺长远的转型目光，更有充足资金支撑，近10年投入了超过100亿欧元来开拓软件、数字业务。但西门子的转型之路也并非一帆风顺。面对数字化转型提出的全新需求，西门子单靠自身积累难以应付，在大批量收购技术后，又面临收购的技术与已有业务难以匹配、相关业务出现亏损的问题。难以预测的风险一触即发、环环相扣，阻碍了西门子转型的步伐，但

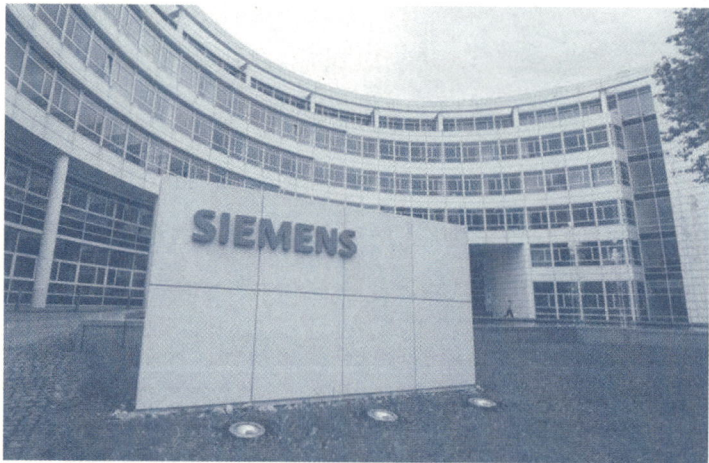

图 4-27　西门子公司

图片来源：网络引用。

没有击垮西门子转型的决心。西门子拆分业务、轻装上阵，携数字化工业（DI）、智能基础设施（SI）和交通（Mobility）三大主营业务再次踏上深入无人区的征程，并更加精准地锚定了自身前进的方向：数字技术让西门子更好地将现实世界和数字世界结合起来，这是缺乏工业知识、缺乏硬件支撑的互联网 IT 公司无法做到的。

西门子的案例并非个例。从电气化到数字化，信息时代的转型并不同于前几次工业革命，不再是企业在某一领域的一次性变革，而是在数字技术的支撑下覆盖研发、生产、消费的全链条转型，是一个长期而艰巨、且没有先行企业可以借鉴经验的前无古人之举。横亘在坚定了转型决心的制造业巨头们面前的，是一片广袤而神秘的无人区，潜藏着前人未曾经历的风险和挑战。

TCL 华星是全球半导体显示的龙头企业，其产品线覆盖大中小尺寸显示面板以及触控模组、电子白板、拼接墙、车载、电竞等高端显示应用领域，在全球半导体显示领域奠定了绝对竞争优势。显示面板的生产制造高度自动化和流程化，整个生产过程需要两万多台设备、超过一百道生产工序、累计产生超过两百万个设备参数，生产工艺过程高度复杂且要求不间断生产。TCL 华星各个工厂在建厂初期就建设了以八大流程为主体的信息化系统，但随着行业产能逐渐饱和，原有的生产经营管理模式遭遇瓶颈，TCL 华星面临着各信息系统数据孤岛问题突出、自动化设备采集的有效数据不足、品质分析流程等对人工依赖过大等问题，不能满足精细化管理的新需求。2016 年，TCL 华星意识到数字经济浪潮带来的发展机遇，明确以智能制造为主攻方向，制定了"3457"的数字化整体战略，提出了 TCL 华星在自动化基础上用 3 到 5 年的时间，通过 5G、物联网、云计算、大数据和人工智能等技术的深度融合应用，进而建设品质稳定、交付准时、成本最优的数字华星。

目前，TCL 华星（图 4-28）关键工序数控化率、设备联网率以及工业设备上云率均超过 95%，超过 80% 的核心工业软件实现了自主可控，基于工业云平台 + 智能应用的数字化 2.0 架构已经实现了 TCL 华星跨地域多工厂全要素的互联互通互感知，从全产线自动化设备生产组织、感应与控制，到生产规划和决策全流程，基本完成了高度协同和智能的数字化工厂建设。2019—2021 年 3 年间，TCL 华星产能利用率累计提升了 3%，产品交货周期缩短了 26.48%，产品良率累计提升 6.7%，目前良率水平达到 97%，处于业内最高水平。

图 4-28 TCL 华星数字化智能工厂

图片来源：网络引用。

如何制定穿越无人区的路线图，是每个巨头都必须面临的问题。

Wipro Digital 公司 2017 年的调查结果显示，35% 的高管认为缺乏明确的转型战略是实现全面数字化转型的关键壁垒。2019 年，第四范式和德勤发布的《数字化转型新篇章：通往智能化的"道法术"》白皮书显示，在进行数字化转型的企业中，约有 60% 的企业尚未建立好转型发展路径。

就目前而言，要解决这个问题并无捷径。制造业巨头体量庞大，数字化转型牵一发而动全身，复杂的业务流程和繁多的业务领域对支撑转型的数字技术提出了太多要求，且大部分要求都是基于数字化转型提出的全新问题，并没有趋于成熟的解决方案，需要巨头根据具体要求自行探索和试错。这使得全方位、全链条推进数字化改造和转型成为一张没有参考答案、且每家巨头题目不同的高难度考卷，只能在交卷后通过企业的运行状况不断优化答案，极大减缓了巨头的转型步伐。

在全球范围内，不乏拥有长远转型眼光、坚定转型魄力和雄厚实力积累的巨头企业，花费大量人力、物力、财力和时间，试图在数字化无人区中拨开迷雾，探索一条行之有效的转型道路。从数字化这一概念诞生起，抢先进入未知领域的制造业巨头已经在迷雾中探寻了数十年之久，走出的每一步都付出了不菲的代价，可常常只能证明此路不通。但是能够在竞争中登上行业之巅的巨头不会因此气馁，而是将每次失败都化为警示牌，在无人区内稳扎稳打，逐步拓展被转为已知的己方阵地。他们深知，时代的洪流从不会因为鱼儿游不动而变得潺潺，反而会在鱼儿的你追我赶中变得越加汹涌。越是体积庞大的大鱼，越是要竭力追逐最大的浪潮，否则就会有搁浅的危险。

制造业巨头的数字化转型不进则退，谁也不能置身事外。在竞争如此激烈的时代，不想当将军已经不仅仅不是好士兵的问题了，在优胜劣汰的生存法则下，不想当将军的士兵甚至有可能失去当士兵的资格，逃兵注定不会有活路。越来越多的制造业巨头正意识到数字化转型的必然性，纷纷投身于无人区中，在攻克每个难关的过程里逐渐明确自身症结所在。只有持之以恒地打磨自身的数字技术能力，持续修正前进的方向，才有机会拨开重重迷雾，走出自己的数字化转型之路，在千帆竞渡、百舸争流的数字时代立于不败之地。

百年巨头，一朝兴衰。在席卷全球的数字化浪潮中，不同的巨头作出了不同的选择，而世界也不吝于证明，不论曾经有多么深厚的积累，只有迎难而上、追逐时代潮头的智者和勇者能够幸存，而回避挑战、故步自封者终将被潮水击破。制造业巨头作为自身行业的领路人，更需要不断探索、不断精进，在无人区内留下指引的路标，引领和鼓舞无数后来者一同努力，走出一条数字化转型的光耀之路。

➡ **茶 余 饭 后**

大众的数字化探索之路

德国大众（图 4-29）已经开始利用虚拟现实、人机协作等新技术开展智能化生产，在 4 年间投入 40 亿欧元用于集团数字化转型路线图项目建设，致力于做数字化转型的先行者。制造业巨头企业为了保卫并扩大自己的领地，能够长久地活下去，在没有战场没有硝烟的情况下，正在进行鲜血淋淋的拼杀。

图 4-29 德国大众公司

图片来源：网络引用。

4.5 浴火重生：中小企业的前景与命运

中小企业是数字化转型的主角

2017 年 4 月，联合国第 74 次全体会议决定将每年 6 月 27 日设为中小微企业日，从此，全世界的中小企业迎来了属于自己的节日。中小型企业的员工数量往往小于 250 人，但它们在全球大部分经济体中都起到支柱作用。据国际中小微企业理事会的数据显示，正式和非正式的中小微企业占企业总数的 90%，提供的就业岗位数占所有就业岗位数的 60% ～ 70%，且创造了 50% 的 GDP。

在我国的国民经济结构中，中小企业同样具有不可替代的地位和作用，是我国实体经济的重要基础，是催生新动能、新产业、新业态、新技术的生力军。根据中小企业第四次全国经济普查的数据显示，我国的中小企业数量已经超过 3000 万家，中小企业创造了 50% 以上的税收、60% 以上的 GDP、70% 的技术创新、80% 的城镇劳动就业，并占有了 90% 以上的市场主体。

随着时代的巨变，不论适应与否，中小企业早已置身于数字经济的浪潮之中，已然成为数字化转型的主战场和生力军。2016 年工业和信息化部正式发布的《促进中小企业发展规划（2016—2020 年）》，提出"专精特新中小企业培育工程""鼓励专业化发展""鼓励精细化发展""支持特色化发展""支持新颖化发展"。截至 2022 年，工业和信息化部已发布全国专精特新企业 40000 多家、"小巨人"企业达 4762 家。近 5000 家中小企业，承担起我国中小企业数字化转型之大任，不仅能够提供先进的技术支持、多样化的实施方案，更能传授在数字化转型路上应对各种挫折的技巧和方法。

正如曾经风靡一时《谁动了我的奶酪》一书中说的那样，奶酪对你越重要，你就越想抓住它。如果你不改变，你就会被淘汰。数字化转型对中小企业来说已不再是一道选择题，而是关乎未来生死存亡的必修课。身处激荡的数字化波涛之中，中小企业数字化转型时不我待，越早地行动起来，也就能为自己未来的生存增加更多胜利的筹码，掌握主动权，才能牢牢把控自己的命运。然而，中小企业的数字化转型面临内忧外患，其中既有外部技术、经济、基础设施等环境方面的原因，也有企业内部管理、人员、资金等方面的压力。中小企业的数字化转型难，是当前世界各国普遍面临的难题。

比转型更重要的是生存

新冠肺炎疫情在全球范围内的迅速蔓延，使经济增速放缓，给我国经济高质量发展带来严峻挑战。相对于大型企业，中小企业中抵御风险的能力普遍较弱，面对突发事件的防范机制不够完善，面对疫情带来的经营成本上升、市场需求收缩、关键物资断供等不利因素，诸多中小企业更面临着严重的生存危机。当身处生死线上的中小企业退无可退时，面对数字化转型的美好愿景和困境求生的现实需求，只能将转型让位于生存，用生存的韧性艰难克服周期的困难。即便认识到转型是企业发展的必经之路，中小企业在生存的压力下，依然面临缺资金、少人才、欠方法等现实问题，只能发出"自顾无长策，空知返旧林"的感叹。

巧妇难为无米之炊。数字化转型是一项周期长、投资大、复杂度高的系统工程，资金需求量大、投资周期长、收益见效慢。中小企业实施数字化转型门槛高、难度大。中小企业开始下水的时候，面对各种在数字迁徙中掉队的甚至是掉队后沉没于风沙中的企业，不禁会对自己能否顺利迁移到达目的地产生疑虑，能顺利迁移吗？能到达目的地吗？有没有迁移的交通工具？如果迷失了方向，是否有指南针呢？正所谓仓廪实而知礼节，数字化转型固然重要，然而企业的生存才是一切的基础，中小企业唯有确保自身能够生存才会考虑转型。天高路远，数字化转型的高门槛让众多中小企业摩拳擦掌却始终原地徘徊、患得患失、踌躇不前，想转而不敢开展数字化转型。

人才难得而易失。中小企业普遍面临数字化人才缺失问题。人力资源和社会保障部的统计数据显示，我国数字化转型领域人才缺口高达上千万人。数字化人才培养难度大、供需不匹配、高技能人才日益老化、制造业技术工人和高端人才两头紧缺等问题，制约了数字化转型的智力支持。同时，由于严峻的生存压力，中小企业的工作稳定性不高，加之传统观念束缚、工作环境待提升、上升渠道不顺畅等不利因素，导致中小企业普遍面临严重的人才流失问题，难以留住懂技术、通管理的高端数字化人才，难以为中小企业数字化转型提供稳定的人才基础。

桃源迷路竟茫茫。想转却不会转，缺乏清晰的转型战略目标和实现路径，没有对数字化转型的路径进行全面的规划，对数字化转型缺乏系统性思考，是中小企业数字化转型中普遍遇到的困难之一。随着企业数字化转型迈向深水区，关键标准规范缺失、行业监管体系不完善、解决方案不全面等问题逐渐凸显。一方面企业数字化改造需求模糊而庞杂，关键标准、实施指南的缺失导致部分企业由于未清晰认知自身发展阶段和战略规划，在企业内部数据尚未打通的情况下盲目开展数字化转型，致使转型效果不佳。另一方面缺少一个有效反映转型价值的评估模式，企业无法精确了解开展数字化转型的投入产出效益，致使企业没有动力进行数字化转型。

面对新冠肺炎疫情和世界经济下行的不利局面，中小企业的当务之急是权衡好生存的短期目标和转型发展的长期愿景，有效利用低成本、高效能的数字化解决方案，填补传统业务场景与5G、云和人工智能等数字技术之间的鸿沟，既要在现实困境中活下来、也要在数字化浪潮中站起来。

算无遗策方能优雅转身

尽管中小企业数字化转型之路困难重重，但迎难而上是中小企业唯一的选择。中小企业唯有结合现状制定数字化转型战略，充分利用企业内外部各种有利因素，提前预测可能遇到的困难并制定相应的策略，方能实现优雅转身。浙江东经科技股份有限公司依托其深耕纸包装行业多年的经验和技术积累，制定其独有的数字化转型战略并规划好详细路径，建立"分散生产能力单元＋标准化＋信息化"的动车组式供应和服务网络，搭建包装行业的工业互联网平台，同步推动技术创新和业务模式转型，最终实现了自身的数字化转型。

机会总会青睐有准备的人。数字化转型伴时代大势而来，顺之者昌，逆之者亡。虽然探索的路上困难重重，但当数字化转型之风吹来时，往往正是这些具备前瞻视角、提前布局的企业把握住了机会，顺势实现腾飞。数字化转型并非一蹴而就，中小企业首先需要做的就是要做好准备，充分结合自身的优势和劣势，做好各种资源的统一计划和安排，抓住机遇，通过技术改造和模式创新等方式实现数字化转型。相对于实力雄厚、资金充裕、已然取得行业主导权的巨头企业，中小企业更应具备未雨绸缪的前瞻意识，需要及时预判未来行业数字化转型可能的发展趋势，提前谋划、前瞻布局，系统推动技术创新和业务模式变革，为可能到来的数字化、智能化转型做好准备。

找准数字化转型的破局点。数字化转型是涉及技术创新、业务转型、数据开发、模式重构的一项创新性工作。伴随着新一代信息技术的发展，资本力量的涌入，中小企业在创新中所占的优势越来越小，但是正所谓笨鸟先飞，中小企业应该早做准备，以打造核心撒手锏业务为目标，找准数字化转型的破局点，提前将有限的人力资金等资源投入到自身核心业务中，加强对技术创新、模式创新、业务创新的支持，才能达到产业优化升级的目的。中小企业唯有靠着对创新的执着，牢牢掌握属于自己的独门绝技，不断推动技术革新和产品升级，才能在市场竞争和产业转型的浪潮中保持不可或缺的地位，成为数字化赛道中的领跑者。

超前不是盲动，合适的才是最好的

　　冰冻三尺，非一日之寒。中小企业的数字化转型之路必不能一日千里，而应该是一步一个脚印，步步为营。中小企业的数字化转型要摸清数字化转型的内核，探索契合自身的数字化转型之路，还要积极引入数字化设备实施数字化转型升级。青岛宝佳自动化设备有限公司结合自身基础优势，走出了一条适合自己的康庄大道。一方面选择引进、消化、吸收、再创新的有效路径，快速提升企业的创新研发水平。另一方面，在服务创新上动脑筋，建成了全国首个基于互联网技术和机器视觉导航技术的工业机器人及自动化生产线远程管控平台。通过技术改造和服务创新双管齐下，青岛宝佳完成了从饲料行业工业机器人制造企业向工业互联网技术服务商的完美蜕变。

　　看清自己，量体裁衣。苏格拉底曾言认识你自己。中小企业各自特征决定其转型之路不尽相同，数字化转型的第一步就是要对自身做一次全身体检以看清自己（图4-30）。当前，云计算、大数据、物联网、人工智能等新技术的深度应用，新业态、新模式的不断涌现，高效实用的解决方案持续优化，为中小企业数字化转型赋予了新动能。福兮祸之所伏，众多新技术的出现固然为中小企业提供了新的机遇，却也埋下了祸根，中小企业若一味追求新技术而罔顾自身具体情况，结果往往得不偿失。中小企业切不可盲目照搬大型制造企业和平台企业的经验，须知适合自己的才是最好的，中小企业根据自身的行业特点和业务发展需求，深度理解数字化转型的内涵和价值，作出全面系统的转型规划，制定明确的转型路径，打造适合自己的转型解决方案，并坚定不移地贯彻实施，终将趟过湍急的河流，到达成功的彼岸。

图 4-30　找准适合自身的转型路径

图片来源：网络引用。

敢于踏出第一步。光说不练假把式，中小企业的数字化转型之路很多，但是中小企业需要做的就是通过不断实践来探寻适合自己的数字化之路。中小企业宜针对自身业务，采用适宜的数字化设备，由此开启数字化转型新篇章。中小企业一方面应用适合的新一代信息技术改造各类设备和信息系统，为传统车间插上数字化翅膀，完成设备间的互联互通和生产过程各核心业务异源数据的采集、存储和展示，实现设备与设备、设备与系统、系统与系统间的数据共享；另一方面，通过对不同业务采集的各类数据开展数据集成和数据分析，对生产过程发生的状况进行诊断，形成本领域特定场景的解决方案并不断地沉淀积累，构建知识库或解决方案库，在同类问题发生时拿来就用，降低人员处理同类事件的工作强度。

咬定青山不放松。实践之后便是升华，中小企业的数字化转型之路不能只拘泥于对设备和系统的数字化改造，而应该进一步通过新一代信息技术对企业核心业务各阶段积累的知识进行代码化和模型化，形成模型并对未来将要发生的事件进行预测，进入数字化转型的深度应用阶段。中小企业将新一代信息技术与生产运营管理活动充分融合，基于数据分析和模型驱动有效提高科学决策水平。一方面从纷繁复杂的信息中提炼出有用的知识，另一方面综合运用多种知识给隐性问题提供正确合理的建议，满足处理当前工业场景中不确定性和大规模复杂问题的需求，逐步构建企业的核心竞争力。

没有旁观者，都是局中人

展望未来，我国大部分中小企业在将来一段时期内还是会处于转型初期阶段，资金投入大、周期长、引导支撑机制不健全、专业人才缺失等复杂因素严重制约了中小企业的数字化发展。因此，中小企业数字化转型不仅需要中心企业自身的努力，更需要形成多方主体共同参与的整体支撑机制。

政府要通过政策制定引导中小企业进行数字化转型。政府是政策的制定者和执行者，中小企业的数字化转型离不开政府的政策支持，相关主体对中小企业的支持也离不开政府的政策引导。政府只有从中小企业的实际需求出发，通过政策制定为中小企业数字化转型提供风向标，中小企业才不会在数字化转型中迷路。一是政府需要充分发挥引领带动作用，相关责任部门要切实了解中小企业数字化转型的政策需求、资金需求，加强政策引导和扶持，为中小型企业提供多样化的、切实有效的专项资金、税收优惠等政策，帮助中小企业降低人、财、物等成本，提高其自身现金流并增加获客能力。二是政府要加大政策精准服务力度，让更多中小企业知政策、懂政策、用好政策，增强中小企业的获得感。地方要结合本地区产业发展实际，精准配套支持政策，推动属地政策个性化投送和精准性匹配。

大企业要通过行业优势带动中小企业进行数字化转型。 大企业在数字化转型中一直处于领先地位，他们在数字化转型中有着巨大的资金、技术和市场优势，中小企业的数字化转型离不开大企业的帮扶。数字化转型领先企业和供应链上的链主企业要利用好自己的资源，发挥自身的优势，给予中小企业的数字化转型一臂之力。一是大企业应发挥运用已经构建的数字化服务平台，开放业务体系优势资源，协同赋能中小企业加快数字化转型升级，为中小企业提供常态化、优质化的数字化转型政策解读、项目评估、流程诊断、数据分析等服务。二是链主企业应发挥供应链核心企业的作用，充分利用自身的资金优势、信息优势和市场优势，通过供应链金融、供应链信息共享、供应链协同等手段为供应链上下游中小企业的数字化转型提供技术、数据、资金等方面的支持。

金融机构要通过资金调控推动中小企业数字化转型。 数字化转型对企业资金的储备提出了巨大的挑战，中小企业往往因为缺乏资金导致数字化转型困难重重，金融机构是中小企业最主要的资金来源，资金是中小企业开展数字化转型的燃料，因此金融机构在中小企业的数字化转型过程中将发挥巨大的作用。一是金融机构需侧重发挥自身在中小企业数字化转型各环节的金融支持作用，精简流程，构建支撑体系，扩大覆盖范围。二是金融机构要抓住数字化转型的机遇，加快自身的数字化转型，为中小企业提供数字化的金融服务，通过数字化金融服务带动中小企业开展财务管理、融资管理、风险管理等方面的数字化转型，在中小企业的数字化转型过程中起到一箭双雕的效果。

行业协会和科研院所等通过研究助力中小企业数字化转型。 行业协会和科研院所等机构深入开展数字化转型研究，加强专业人才培育。各方主体的不断努力，为勇闯数字化转型深水区的中小企业提供垫脚石、防滑垫。一是行业协会要充分发挥掌握信息、了解行情的优势，尽快做好数字化赋能给本行业带来变化的研究工作，做好调研，并将研究报告提供给政府主管部门、会员单位作为参考，便于有针对性开展与数字化赋能有关的工作。二是科研机构要依据各个行业的中小企业特点，编制数字化转型指南，明确中小企业数字化转型的必要基础条件、实施路径和评价体系，帮助不同行业、不同领域的中小企业更好地寻找数字化转型实施路径，也帮助政府有关部门更精准地评估转型效果。三是行业协会和科研机构要开展助力中小企业数字化赋能相关服务工作，梳理和整合已有的产业数字化政策和科创扶持政策，开展中小企业数字化转型辅导和培训。以数字化赋能为主题，举办各类交流研讨会，搭建合作平台，对接资源，引导中小企业走专精特新的发展道路。

数字化转型，一个都不能少！中小企业是我国经济发展的重要组成部分，也是数字化转型的主力军。但是中小企业因为自身体量小，力量薄,在数字化转型过程中必将历经艰难险阻。中小企业要全面谋划、找准路径,勇闯数字化的激流险滩;政府机构、链主企业、金融机构、行业协会和科研单位等相关主体要发挥主人翁的作用,为中小企业提供支持、指明方向,帮助中小企业在数字化转型的时代进程中不掉队、不缺位,共同迁徙到数字化的彼岸。

➡ **茶余饭后**

东非角马生死迁徙

每年旱季来临的时候,东非的角马开始大迁徙(图4-31),从坦桑尼亚的塞伦盖蒂国家公园开始,经过3000多千米的长途跋涉到达肯尼亚的马赛马拉国家公园,其间要穿越平原、河流和荒漠,才能到达最理想的栖息地。在整个迁徙的途中,角马要穿越横亘在大草原上的马拉河,河里栖息着鳄鱼和河马,除此之外,角马还会遇到狮子、豹子和非洲野犬等捕食者,角马和捕食者争夺生存机会,它们之间的战争随时都可能发生。为了防止被命运淘汰,它们必须经受残酷的考验,只有一路活到最后的角马,才是这场大迁徙的胜利者,才能到达最理想的栖息地。如同角马一样,我国中小企业的数字迁徙之路也将困难重重、危机四伏。随着数字化时代的来临,中小企业应该如何选择?

图4-31 东非角马迁徙

　　数字化洪流浩浩汤汤，数字化转型浪潮澎湃激荡，大数据、区块链、元宇宙等新技术新应用以排山倒海之势迭代创新，塑造着整个社会的未来。未来已来，没有任何一个企业可以置身信息社会之外，这是现实经济社会的必然演化，是技术进步和市场竞争的客观要求，无可阻挡但并不是无能为力。积极迎接数字化转型、勇敢面对数字化转型、主动拥抱数字化转型，成为企业保持在洪流中前进的不二选择。你方唱罢我登场，历史的车轮滚滚向前，短短20多年间，柯达、诺基亚、雅虎等一代枭雄黯然离场，亚马逊、淘宝、IBM、苹果等迅速发展壮大，谁又能料想，下个20年、10年甚至5年，谁将成为信息社会的下一任主宰？谁是下一个苹果？谁又是下一个诺基亚？

第五章

转型的数字逻辑

路漫漫其修远兮，吾将上下而求索。

——屈原

经济社会数字化转型是大势所趋。在这场声势浩大的数字迁徙之行中，一定不会缺少中国的身影。回望过去几年，中国制造业在不断探索中完成了一次声势浩荡的数字化发展布局，走出了一条具有中国特色的新型工业化道路，即信息化和工业化融合发展道路。事实证明，这是一条正确、有效且需要长期坚持的发展道路。时至今日，当中美贸易摩擦和新冠肺炎疫情接踵而来之时，得益于我国长期坚持的融合发展道路，一批"数字化移民"企业得以存活下来，并在新冠肺炎疫情中迅速转产、转型甚至转行，以全新的面孔为世人所见，而那些"数字化贫民"企业则面临着束手无策甚至被迫倒闭的困境，这是数字化的价值所在。

5.1 转型的三次"政策红利"

　　我国现代化发展历程同西方发达国家有很大不同。西方发达国家是一个串联式的发展过程，工业化、城镇化、农业现代化、信息化按顺序发展，发展到目前水平用了 200 多年的时间。我国在工业化演进的同时，迎来了世界范围内信息技术的发展浪潮。因此，在我国不能按照其他国家现代化发展路程一样，先走完工业化再走信息化，而是要在这个时间节点上同步推进信息化和工业化融合发展，推动互相促进。改革开放以来，我国经济社会发展之所以取得了一系列举世瞩目的辉煌成就，关键的一点就是我们探索并走出了一条中国特色新型工业化道路（图 5-1）。这条道路就是信息化和工业化融合发展的道路。这既是一条改革实践证明了的正确道路，也是一条继往开来、与时俱进的前进道路，需要保持定力，一以贯之坚持不懈。

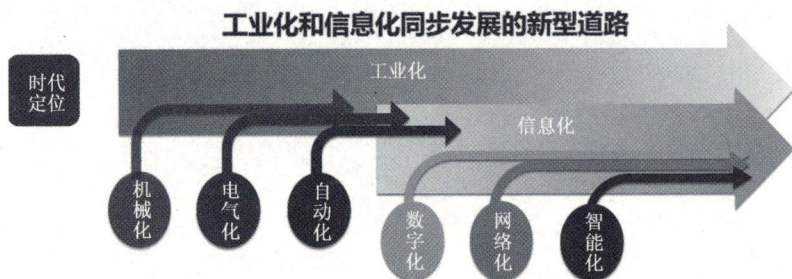

图 5-1　中国特色新型工业化道路
图片来源：作者自绘。

■　党的十五大（1997 年）提出"推进国民经济信息化"。

■　党的十六大（2002 年）提出"坚持以信息化带动工业化、以工业化促进信息化，走出一条科技含量高、经济效益好、资源消耗低、环境污染少、人力资源优势得到充分发挥的新型工业化路子"。

- 党的十七大（2007年）提出"大力推进信息化与工业化融合"。

- 党的十八大（2012年）进一步提出"坚持走中国特色新型工业化、信息化、城镇化、农业现代化道路，推动信息化和工业化深度融合、工业化和城镇化良性互动、城镇化和农业现代化相互协调，促进工业化、信息化、城镇化、农业现代化同步发展"。

- 党的十九大（2017年）进一步明确提出"推动互联网、大数据、人工智能和实体经济深度融合"。

- 党的二十大（2022年）作出了新的重大战略部署，强调建设现代化产业体系，坚持把发展经济的着力点放在实体经济上，推进新型工业化，也提出了加快发展数字经济，促进数字经济和实体经济深度融合。

2008年，工业和信息化部组建成立。"三定"方案中的职责包括"推进信息化和工业化融合"，两化融合是工业和信息化部工作的重要方向。自工业和信息化部成立以来，我国信息化和工业化融合发展历程上可以说出现过三次"政策红利"——两化融合管理体系贯标、智能制造工程、工业互联网创新发展战略。三次政策红利看似相互独立，实则不是割裂的，正是当前推进制造业数字化转型发展的一个重要逻辑，"数字化意识导入—数字化技术升级—数字化业务重塑"

（图 5-2）。

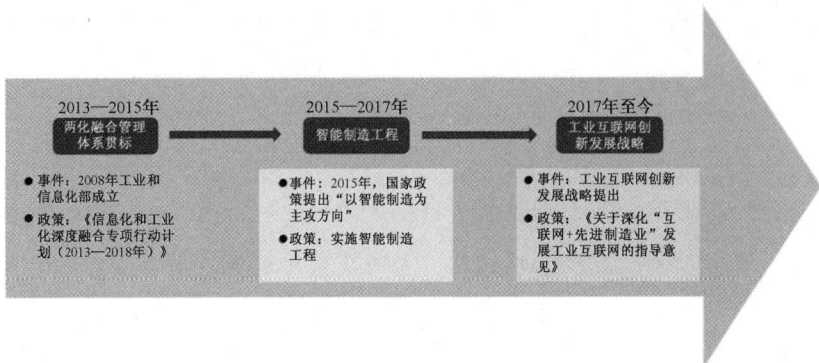

图 5-2　信息化和工业化融合发展过程中的三次"政策红利"
图片来源：作者自绘。

可以说，数字化意识导入、数字化技术升级、数字化业务重塑是制造业实施数字化转型的三件先决条件，我们把它看作是已经找到的三块"过河石"。抓住这三次政策红利，踩上这三块"过河石"，就跟上了数字化转型的时代步伐。

红利一：两化融合管理体系贯标

2009 年起，为全面摸清我国两化融合发展现状，明确两化融合发展的重点和方向，工业和信息化部从企业、行业、区域多个层面入手，开展两化融合评估和运行形势监测等工作，研制发布了国家标准《工业企业两化融合评估规范》（GB/T 23020），探索形成了一套两化融合评估体系，并在全国范围内组织开展企业两化融合评估诊断和对标引导工作，构建了两化融合发展水平监测体系。

然而，在企业实际推进两化融合过程中逐渐发现，虽然可以应用信息技术有力地推动企业两化融合，但是在该过程中企业也面临着不少问题和困扰，一是信息化和管理两张皮，重技术轻管理，认为两化融合就是进行信息化建设，旧的管理体制难以维系信息化务实推进和成效发挥，企业关注的不仅仅是如何应用信息技术的技术问题，更多的应该是提高认识、系统推进、科学评价等管理问题；二是企业在两化融合工作过程中缺乏整体意识，只重视前期的信息系统建设，而在后期的系统运营维护阶段投入力度不足；三是信息安全面临巨大挑战，缺乏满足两化融合工作目标和要求的信息安全管理手段。

基于深入的调查研究分析得出，在当时的发展条件下，我国企业迫切需要一套符合信息时代发展规律的管理方法论，提升管理能力比提升技术能力更为重要。为此，经过系统研究和部署，工业和信息化部在 2013 年发布《信息化和工业化深度融合专项行动计划（2013—2018 年）》，明确提出开展"两化融合管理体系"标准建设与推广行动。该文件参考 ISO9000 等国际各类管理体系的做法和经验，自主研制了一套用于引导企业系统推进两化融合的管理方法论——两化融合管理体系。2014 年，工业和信息化部印发《关于 2014 年两化融合管理体系贯标试点工作方案和贯彻试点企业名单的通知》，并组织开展了试点示范、宣贯培训、服务体系建设等工作，逐步形成了以管理体系为引领，系统推进两化深度融合的新路子。

截至 2021 年年底，全国两化融合管理体系贯标服务企业数量超过 22 万家，贯标企业数量超过 4 万家。两化融合管理体系贯标，帮助企业在信息化环境下不断优化原有的管理体系，打破了管理障碍，可以说在我国两化融合起步发展阶段起到了举足轻重的作用，帮助企业建立了一套适应信息化发展的管理体系，从认识层面扫清企业对信息化建设的障碍。

红利二：智能制造工程

2015 年，国家层面首次明确以智能制造为主攻方向，提出包括智能制造工程在内的五大任务，正式拉开了中国智能制造发展大幕。2015 年，工业和信息化部启动了智能制造标准化专项工作，国家专项资金支持智能制造实施。2016 年，财政部会同工业和信息化部发布通知，明确自 2016 年重点推进智能制造综合标准化和重点领域智能制造新模式的专项应用。

重点任务为两项：在智能制造综合标准化方面，就是要立标准，按照"智能制造，标准先行"思路，开展基础共性标准和关键技术标准的试验验证，形成智能制造标准体系、智能制造能力成熟度评价模型等基础性标准框架；在智能制造新模式应用方面，就是要换技术，围绕新一代信息技术产业、高档数控机床和机器人、航空航天装备、海洋工程装备及高技术船舶、先进轨道交通装备、节能与新能源汽车、电力装备、农业装备、新材料、生物医药及高性能医疗器械等十大重点领域，大力推进高档数控机床与工业机器人等五大类智能制造关键技术装备的集成应用。

从 2015 年到 2018 年，智能制造综合标准化和重点领域智能制造新模式应用作为工业和信息化部工业转型升级的专项任务实施，推动建设了一批智能工厂、数字化车间，加快了技术装备应用普及。从政策导向和专项支持的主要方向来看，主要侧重对各类智能制造关键技术和装备的攻克。

从 2015 年到 2018 年，工业和信息化部同步组织智能制造试点示范遴选，主要聚焦于离散型智能制造、流程型智能制造、网络协同制造等新模式。在此基础上，2021 年 11 月，工业和信息化部等四部门联合开展 2021 年度智能制造试点示范行动，将试点示范内容进一步细化，主要包括：智能制造优秀场景、智能制造示范工厂和智能制造先行区三个方面。同时，根据"十三五"以来智能制造的发展情况和企业实践，结合技术创新和融合应用的发展趋势，凝练总结了 15 个环节、52 个智能制造典型场景，作为智能制造示范工厂建设的参考。目前，共遴选了 101 个示范工厂和 241 个智能制造优秀场景。

在智能制造工程实施过程中，一项重要的工作就是开展了智能制造能力成熟度标准的研制和应用推广。智能制造能力是指企业在实现智能制造的目标过程中所具备的人员、资源、技术和制造等要素的水平和条件。智能制造能力成熟度是评价一个企业智能制造水平的综合性测度，通过 5 个等级综合评价企业智能制造能力提升过程。从人员、技术、资源、制造等要素维度，分 5 个等级综合评价企业数字化、网络化、智能化发展水平。

智能制造能力成熟度构建了包含人员、技术、制造、资源能力要素（4 个）—能力域（8 个）—能力子域（20 个）的 PTRM 模型（图 5-3），它反映了人员将技术、资源应用到制造环节来提升智能制造能力成熟度等级的过程。根据行业特点可裁剪使用，根据评估目标不同，可灵活应用。智能制造能力成熟度是评价一个企业智能制造水平的综合性测度，通过 5 个等级综合评价企业智能制造能力提升过程。

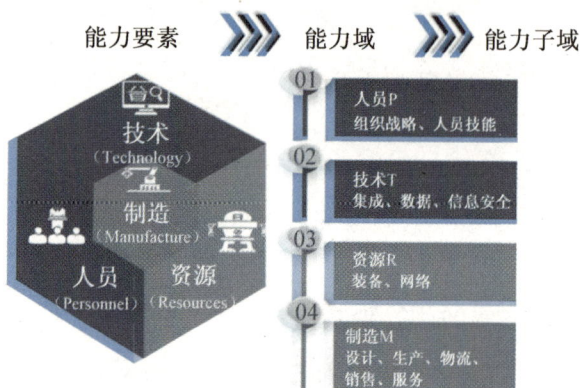

图 5-3　智能制造能力成熟度 PTRM 模型

图片来源：作者自绘

- 一级为规划级。企业开始对实施智能制造的基础和条件进行规划，能够对核心业务（设计、生产、物流、销售、服务）进行流程化管理。

- 二级为规范级。企业采用自动化技术、信息技术手段对核心装备和业务等进行改造和规范，实现单一业务的数据共享。

- 三级为集成级。企业对装备、系统等开展集成，实现跨业务间的数据共享。

- 四级为优化级。企业对人员、资源、制造等进行数据挖掘，形成知识、模型等，实现对核心业务的精准预测和优化。

- 五级为引领级。企业基于模型持续驱动业务优化和创新，实现产业链协同并衍生新的制造模式和商业模式（图 5-4）。

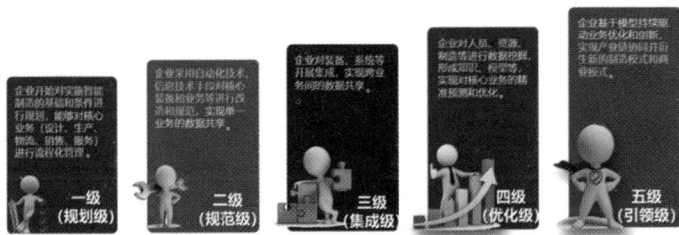

图 5-4　智能制造能力成熟度等级

图片来源：作者自绘。

截至 2022 年 10 月，全国 47000 多家企业通过智能制造评估评价公共服务平台开展智能制造能力成熟度的自诊断。总的来看，2021年，我国 69% 的制造企业处于一级（规划级）及以下水平，达到二级、三级的制造企业分别占比为 15%、7%，四级及以上制造企业占比达 9%。从增长趋势来看，2021 年全国制造业智能制造能力成熟度较 2020 年有所提升，一级及以下的低成熟度企业占比减少 6 个百分点，三级以上的高成熟度企业数量增加了 5 个百分点（图 5-5）。

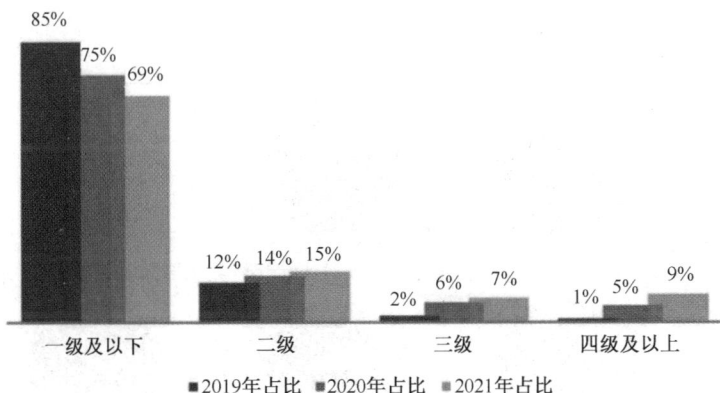

图 5-5　智能制造能力成熟度水平

图片来源：作者自绘。

从行业来看，离散型制造业的成熟度水平整体高于流程型制造业。离散型制造企业一级及以下占比约为 67.1%，低于流程型制造企业所占的 72.2%，处于二级、三级的离散型制造企业占比较流程型制造企业高出 2.5 个百分点，处于四级及以上的离散型制造企业数量较流程型制造企业高出 2.7 个百分点。离散型和流程型制造业智能制造成熟度水平如图 5-6 所示。

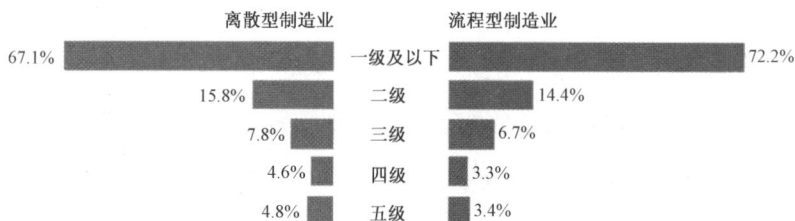

图 5-6　离散型和流程型制造业智能制造成熟度水平
图片来源：作者自绘。

从重点环节来看（图 5-7），在设备数字化改造方面，2021 年制造企业设备数字化率达 57.98%，较 2020 年提高近 8 个百分点；

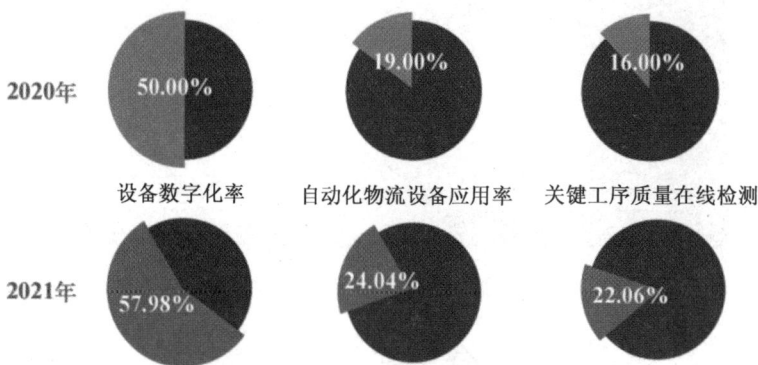

图 5-7　重点环节智能制造水平
图片来源：作者自绘。

24.04% 的企业具备自动化物流设备，22.06% 的企业在关键工序实现质量在线检测。通过多年来智能制造工程的实施，加速了制造业企业内制造装备的改造替换和先进技术的迭代升级，为制造业数字化转型变革进行了技术升级储备。

红利三：工业互联网创新发展战略

2017 年 12 月 8 日，中央政治局第二次集体学习时提出"要深入实施工业互联网创新发展战略，系统推进工业互联网基础设施和数据资源管理体系建设"。工业互联网迎来快速发展期。中央政治局会议、中央经济工作会议、中央深改委会议、中央财经委会议对工业互联网发展作出了一系列部署安排（图 5-8）。

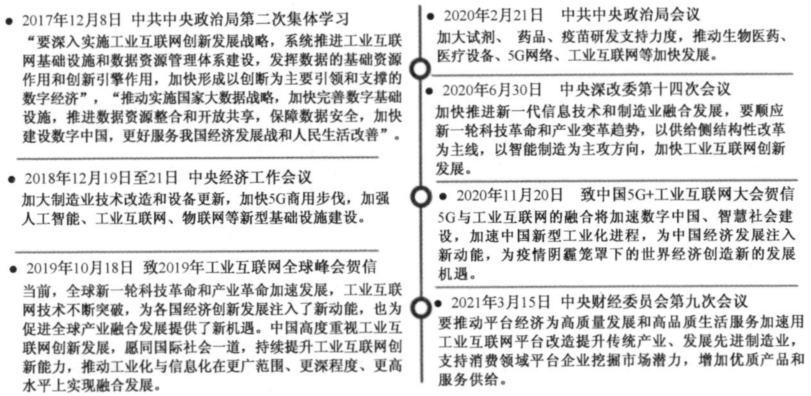

图 5-8 工业互联网系列政策部署

图片来源：作者自绘。

2017 年，国务院正式印发《关于深化"互联网 + 先进制造业"发展工业互联网的指导意见》，从 2018 年开始，发展工业互联网已连续5 年写入《政府工作报告》中，全国上下掀起了发展工业互联网浪潮。

- 2017 年 11 月 27 日，国务院发布《关于深化"互联网＋先进制造业"发展工业互联网的指导意见》。

- 2018 年 3 月 5 日，李克强总理在《政府工作报告》中强调："加快制造强国建设"，"推进智能制造，发展工业互联网平台"。

- 2019 年 3 月 5 日，李克强总理在《政府工作报告》中强调："打造工业互联网平台，拓展'智能＋'，为制造业转型升级赋能。"

- 2020 年 5 月 22 日，李克强总理在《政府工作报告》中强调："推动制造业升级和新兴产业发展""发展工业互联网，推进智能制造"。

- 2021 年 3 月 5 日，李克强总理在《政府工作报告》中强调："发展工业互联网，促进产业链和创新链融合，搭建更多共性技术研发平台，提升中小微企业创新能力和专业化水平。"

- 2022 年 3 月 5 日，李克强总理在《政府工作报告》中强调："加快发展工业互联网，培育壮大集成电路、人工智能等数字产业，提升关键软硬件技术创新和供给能力。"

与此同时，国家层面从 2018 年连续 4 年支持网络、平台、安全等方面的公共服务平台建设和产业化推广。特别是在工业互联网平台方面，充分发挥工业互联网平台在工业互联网体系建设中的核心带动作用，培育了一批跨行业和跨领域的工业互联网平台。工业互联网平台是工业互联网的核心，包含四大要素：数据采集（边缘层）、IaaS 层、工业 PaaS（平台层）和工业 App（应用层）。

- 数据采集（边缘层）是基础。边缘层就是要构建一个精准、实时、高效的数据采集体系，把数据采集上来，通过协议转换和边缘计算，一部分在边缘侧进行处理并直接返回到机器设备，一部分传到云端进行综合利用分析，进一步优化形成决策。

■ IaaS 层是支撑。它是通过虚拟化技术将计算、存储、网络等资源池化，向用户提供可计量、弹性化的资源服务。

■ 工业 PaaS（平台层）是核心。平台层就是要构建一个可扩展的操作系统，为工业 App 应用开发提供一个基础平台。

■ 工业 App（应用层）是关键。应用层就是要形成满足不同行业、不同场景的应用服务，并以工业 App 的形式呈现出来。

工业互联网平台可以理解为一个可扩展的工业操作系统，向下，实现对各种软硬件资源接入、控制和管理；向上，提供开发接口及存储计算、工具资源等支持；自身，承载各种工业知识、算法、模型和微服务，发挥着类似消费互联网领域 iOS、安卓等平台的价值（图5-9）。

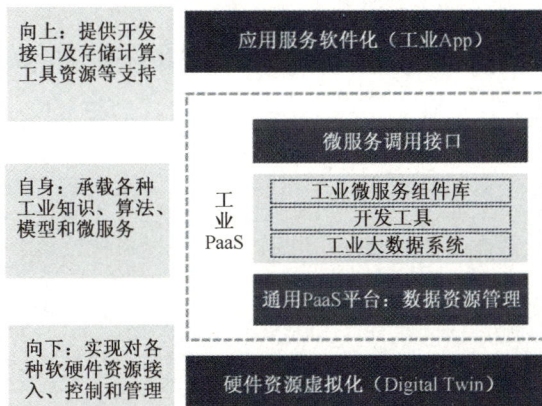

图5-9　工业互联网平台本质是一个可扩展的工业操作系统

图片来源：作者自绘。

操作系统的价值在于通过分层思想将软硬件的分离解耦，打破过去的一体化硬件设施，实现硬件资源的通用化和服务任务的可编程。这使得让变化快的应用服务摆脱束缚，以工业 App 的形式沉淀、传播、复用，使其变化得更快。企业能够从提供同质产品向提供多样化产品转变，满足市场个性化需求；让利用高的硬件设备逐渐沉淀，提高资产通用性，变得利用更高效（图 5-10）。

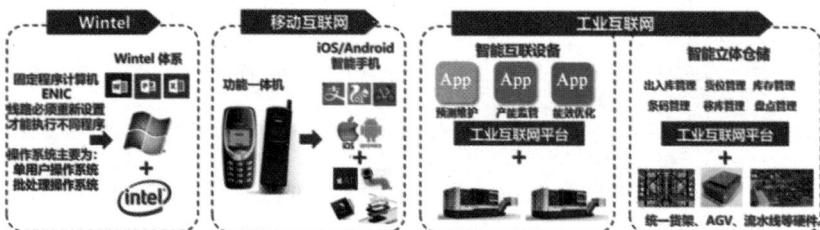

图 5-10　操作系统的价值

图片来源：作者自绘。

基于工业互联网平台的体系架构，各行业纷纷探索运用工业互联网提升现有业务，形成智能化生产、网络化协同、个性化定制、服务化延伸等一系列新模式，这其中既有数据智能对现有业务的优化提升，也有基于网络化组织带来的模式创新和重构。

从实践上来看，当把来自于机器设备、软件系统、生产原料及运行环境中大量数据汇聚到工业 PaaS 平台上，并将技术、知识、经验和方法以数字化模型的形式也沉淀到平台上以后，只需通过调用各种数字化模型与不同数据进行组合、分析、挖掘、展现，就可以快速、高效、灵活地开发出各类工业 App，提供全生命周期管理、协同研发设计、生产设备优化、产品质量检测、企业运营决策、设备预测性维护等多种多样的服务。因此，在工业互联网发展体系中，一个显著的工业互联网特色和标志，就是工业知识首次以工业 App 为载体进行传播（图 5-11）。

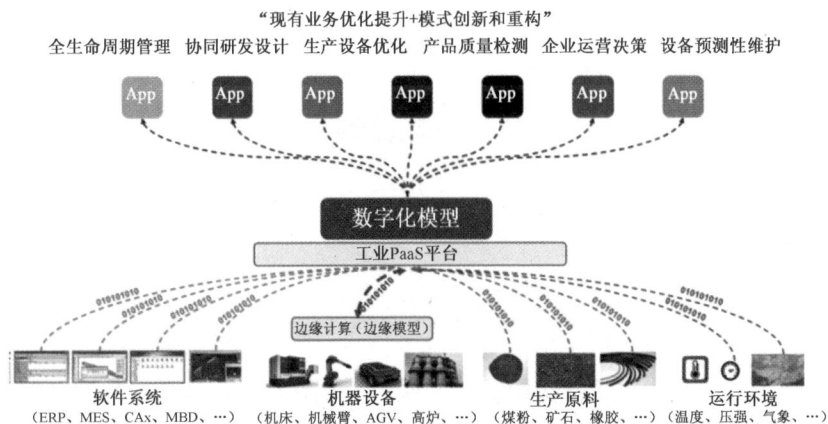

图 5-11　工业 App 是工业互联网最显著的特征

图片来源：作者自绘。

从农业经济时代，知识作为存在于人脑中的隐性经验，只能通过口口相传、经验师傅、书籍文字传播，到工业经济时代，知识作为存在于文献资料、专利标准中的显性工业技术，再到数字经济时代，知识作为存在于计算机中的软件系统、工业 App 等数字工业知识，知识承载主体经历了由意识人体迁移到物理实体，再到赛博虚体的过程，承载方式也在不断演进，工业 App 最终成为了知识的新载体（图 5-12）。

可以说，工业互联网平台的最大价值就是构建了一个工业技术和知识的交易体系（图 5-13）。它为工业 App、微服务组件、数字孪生模型算法等交易对象的呈现、交易、传播提供了统一的场所，促进

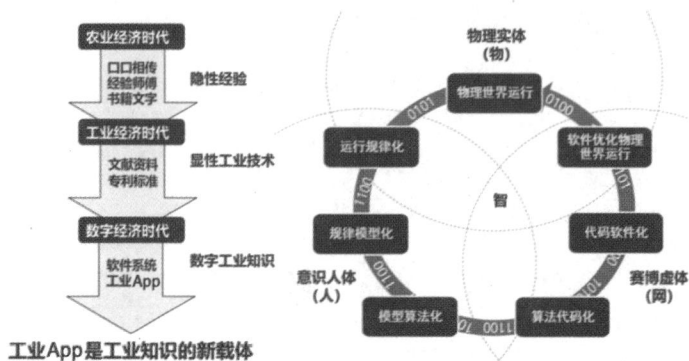

图 5-12　工业知识载体的变迁

图片来源：《三体智能革命》。

技术的供给方（大型企业、科研院校、开发者）和使用方（大中小企业）等交易主体显现化、需求清晰化。通过在线化评估、标准化计量确定交易价格，实现交易方式由长流程交易转变为短流程交易，大幅降低客户发现、契约签订、交付监督的交易成本。工业研发、设计、仿真、制造、服务等全流程的工业知识和能力能够通过这一市场体系进行低成本的交易使用。

	内容	特点	平台价值
交易对象	工业App、微服务组件、数字孪生模型算法等工业技术、知识、经验	组件化呈现、加密化封装、数字化交易	为其呈现、交易、传播提供了统一的数字化场所
交易主体	供给方（大型企业、科研院校、开发者），使用方（大中小企业）	主体显性化、需求清晰化	将遍布于各类研究机构和企事业单位技术、知识的潜在创造主体汇聚到统一的交易场所并充分暴露，促进供需双方目标清晰、快速对接，促成交易达成
交易成本	由长流程交易转变为短流程交易，降低客户发现、契约签订、交付监督	周期短、效率高、定位准	降低了对知识搜寻、定价、获取的成本，打破了传统知识传播、交易的机制壁垒
交易价格	按需付费、按期付费	在线化评估、标准化计量	提供完善的评估计量体系及多种服务方式，促进技术和知识的交易流通。

图 5-13　工业互联网平台构建工业技术和知识的交易体系表图

图片来源：作者自绘。

工业互联网的出现，将传统的由供给方定制化软件开发（类作坊式）的研发方式及一对一的交易模式，转变成由需求方个性化定制工业 App（流水式）及多对多的交易方式，这一新型交易体系革命性地改变工业知识的生产、交易方式，创造新的业务模式和商业价值，为制造业数字化转型带来了业务体系重塑的新路径（图 5-14）。

知识分工1.0时代
传统工业知识交易（走街串巷式）

生产方式：供给方定制化软件开发（作坊式）
交易方式：一对一（走街串巷、未知零散供需）

知识分工2.0时代
工业互联网知识交易（大商场式）

生产方式：需求方个性化定制工业App（流水式）
交易方式：多对多（大卖场、已知大量供需）

图 5-14 工业知识交易体系的变革

图片来源：作者自绘。

两化融合管理体系贯标、智能制造工程、工业互联网创新发展战略——我国信息化和工业化融合发展历程上三次政策红利直接带动了我国企业数字化意识导入、数字化技术升级、数字化业务重塑，这可以视作企业数字化转型变革前的三次关键准备，也是制造业企业数字化转型必须经历的三个过程。

回顾这三次数字化政策红利，我们可以发现，数字化转型遵循着先易后难、逐步融合的发展路径，在起步阶段，企业以管理体系为切入点，容易快速推广、见到成效，快速提升企业的数字化意识。随着新一代信息技术的发展，新技术、新模式、新业态不断涌现，技术体系日益成熟、升级成本越发降低，数字化转型整体进入一个技术换代期，企业从对数字化的初步认识逐步转入对数字化技术的投入升级。现如今，数字化发展进入了以工业互联网代表的新时代，技术和管理在不断的融合，其边界越发模糊、交叉，以工业互联网为载体的制造业新生态正在不断壮大形成。

5.2 "本土创新 + 中国智造 + 双循环"

2020 年以来，随着全球新冠肺炎疫情暴发及中美贸易摩擦冲突的不断升级，加速了制造业数字化转型步伐。我们可以看到，疫情下仍然能够实现业务增长的要么是数字化原住民企业，要么是数字化新移民企业，而那些数字化贫民企业则面临着束手无策甚至被迫倒闭的困境。能够抓住三次政策红利，紧跟我国信息化和工业化融合步伐的企业，大多已经成为数字化新移民企业，抵御着风险的磨砺。

"美国创新 + 中国制造 + 世界贸易"

众所周知，我国拥有门类齐全、独立完整的工业体系，拥有国际标准的 41 个工业大类，207 个工业中类，666 个工业小类。改革开放以来，我国积极主动参与全球经济循环，融入全球产业链条，逐步成为世界制造业第一大国、世界工厂。全球范围内形成了大三角循环，也就是美欧作为研发和消费中心，管头管尾，东亚特别是中国和新兴国家作为制造和生产中心，中东和拉美等资源国家作为能源和资源供应中心的发展格局。我国制造业长期呈现"两头在外"（微笑曲线的研发上游和营销下游两头放在境外）的生产制造模式（图 5-15）。

这种"两头在外"的发展模式也促进了世界经济循环逐渐形成"美国创新 + 中国制造 + 世界贸易"的格局，即美国的创新资源必须与中国的大国制造能力相结合，才能使得创新真正产业化落地，并且通过中国向世界各国进行输出。2018 年以来，世界各主要经济体逆全

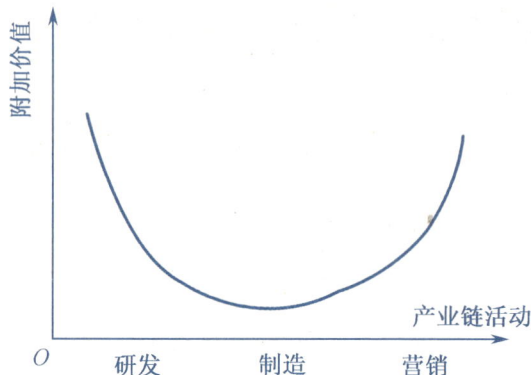

图 5-15　"两头在外"生产制造模式

图片来源：作者自绘。

球化行为日益明显，各国高度重视供应链安全。特别是随着新冠肺炎疫情的蔓延和逆全球化思潮的抬头，全球各国纷纷采取措施推动产业链重构，长期以来基于市场化分工合作而形成的大三角循环不断遭受冲击，加剧了我国产业链断供、外迁和被孤立风险。面对国际环境的深刻变化，适应国内产业升级的现实需要，我们积极主动调整和优化经济发展战略，加快转向以国内大循环为主体、国内国际双循环相互促进的新发展格局。

　　构建双循环发展格局，关键是要立足扩大内需这一基点，既要深化供给侧结构性改革，又需注重需求侧管理，坚持把科技自立自强作为国家发展的战略支撑。一直以来长期保持的"全球创新＋中国制造＋世界贸易"的经济格局，需要加快向"本土创新＋中国智造＋双循环"发展结构转变（图 5-16）。

"美国创新 ＋ 中国制造 ＋ 世界贸易"

"本土创新 ➡ 中国智造 ⬅ 双循环"

图 5-16 新形势下经济格局的变迁

图片来源：作者自绘。

"本土创新＋中国智造＋双循环"

何帆教授曾在其年度观察报告中提到，20 世纪以全球化时代谢幕，21 世纪以本土时代开场。进入 21 世纪以来，特别是 2008 年金融危机后，国际经济和地缘政治环境发生重大变化，全球部分地区经济不平等现象加剧，资源分配不公，社会上的被遗弃感和不安全感增强，从而让民心转向打民粹牌的政治人物，将他们视为救命稻草。这对中国经济，特别是制造业发展带来了多重冲击，造成了各种不利的影响。2020 年中美关系陷入 1972 年中美建交以来的最低点。丢掉幻想，背起行囊，我们即将迎来的是一个本土化创新时代。

值得说明的是，本土化创新时代不是要后退一步回到自力更生的闭关锁国的老路，事实上，从单身（1949 年自力更生）到恋爱（1978 年改革开放）到结婚（1980 年全球化）再到要离不离（2008 年金融危机）最后到被迫离异（2020 年本土化创新时代），看起来从单身变回了单身，但这两种单身根本就不一样。这一点从中国创新的成绩上可以看出，在世界知识产权组织 2021 年发布的全球创新指数排名中，中国上升至第 12 位，成功进入创新型国家行列；中国科技人力资源总量已超 1.1 亿人，稳居世界第一；中国的全社会研发经费、被引论文数量、数字经济规模均居世界第二，PCT 国际专利申请量居全球首位；我们有了国产的空间站、卫星导航、火星车、航空母舰……自立自强的中国名片更加亮丽。我们有底气也有实力进入本土化创新时代。

为什么是比亚迪

本土化创新时代，我们欣喜地看到有无数的勇士，在危难之时，挺身而出。在新冠肺炎疫情刚发生的时候，很多人都买不到口罩，可以说是一罩难求，即使买到了口罩，也是天价购买。当时全球一天的口罩产量大约是 2 亿个。然而，令所有人都没有想到的是，中国的口罩生产行业很快就出现了一根定海神针，不仅保障了国内市场，而且源源不断地出口到国外。这家企业甚至之前从未生产过一只口罩。

"你戴过比亚迪口罩吗？"（图 5-17）也许你不着急拥有一台比亚迪公司的新能源汽车，但你可能好奇戴一只比亚迪口罩。毕竟把

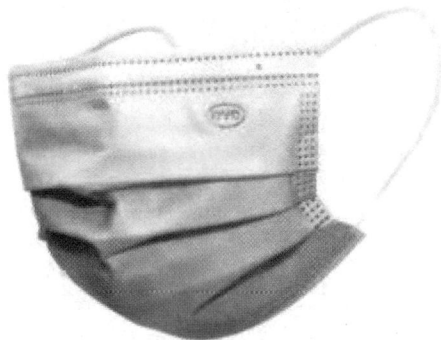

图 5-17　比亚迪（BYD）口罩

图片来源：网络引用。

比亚迪和口罩搭在一起，听起来好玩又新奇。新冠肺炎疫情期间，短短三个月，这个以汽车、电池和新能源为主业的中国公司，一不小心就成了全球最大的口罩生产商，超越 3M、绿盾和霍尼韦尔。

小小口罩，看似并不难造。但要在短时间内实现大量生产，就必须具备一定规模的生产线，没有关键的口罩生产设备成了最大的瓶颈。因为春节期间企业在市场上根本就买不到设备，如果订购的话交货周期漫长，难以缓解燃眉之急。买不到，等不及，就自己造。比亚迪董事长王传福亲自挂帅，携新能源汽车、电子、电池、轨道交通等事业部的 12 位负责人，调集 3000 名工程师成立项目组，开始全身心投入口罩生产设备的研发和测试工作。在 3 天时间内，他们画出了 400 多张设备图样。随后，比亚迪整合了集团的电子模具开发、汽车智能制造、电池设备开发等资源，3000 多名技术人员 24 小时轮班赶制。齿轮买不到，直接采用线切割机不计成本地制作；滚子买不到，调用电池产线、汽车产线的设备来加工。口罩生产设备上各种齿轮、链条、滚轴、滚轮大概需要 1300 个零部件，其中 90% 是自制的。仅用 7 天时间，比亚迪自主研制的口罩生产设备就横空出世，远远超过了市面上最快也要 15 天才能造一台口罩机的速度。

这看似是一个偶然，但背后蕴含着其多年的积累和沉淀。事实上，比亚迪的大楼内，就有一面挂满专利的技术墙，中央"技术为王，创新为本"八个巨大的发光立体字，就是比亚迪的发展理念。十几年前，当大多数人都不看好新能源的时候，比亚迪就认准了这一未来的发展方向，并组建团队，顶住压力，开始储备 IGBT 芯片技术。如今，比亚迪打破国外技术垄断，研发出了自己的 IGBT，并率先发布了车规级领域具有标杆性意义的 IGBT4.0 技术，成为中国第一家实现车规级 IGBT 大规模量产、也是唯一一家拥有 IGBT 完整产业链的车企。可以说，在创新这件事上，你永远可以相信比亚迪。

5.3　是什么？转什么？转到哪？

进入本土化创新时代后，我们需要更加深入地思考，中国的制造业基础（数字基础和硬件基础），能否承接得住这种本土化高频、并发式的创新落地。换句话说，除了要加速从 0 到 1 的"创新实现"，还要加快从 1 到 N 的"创新变现"。这对整个中国的生产制造体系提出了更高要求，制造业数字化转型成为必然选择。

数字化转型与传统信息化不同，传统信息化中，信息技术只是工具、助手的角色，作为其他行业提质增效的工具，在既有的工作方式、工作模式、流程上进行信息技术的应用，提质增效。在数字化转型体系下会变成主导和引领角色，深入渗透到各个行业，对它的生产模式、组织方式、产业形态产生颠覆性的影响。梅宏院士认为，信息化正在经历第三波浪潮，进入以数据深度挖掘和融合应用为特征的智能化阶段。从数字化、网络化、智能化，这是过去到现在为止信息化三波浪潮不同的特征。其中，数字化奠定基础，网络化构建平台，智能化呈现能力。这三化不是隔离的，是并行的，同时往前推进，只是各个阶段凸现的主要特征不同。但对传统行业而言，有的还处在数字化阶段，刚刚开始进行网络化阶段，离智能化、离数据的挖掘应用还比较早。数据显示，我国有55%的企业没有完成基础设备的数字化改造；制造业中小微企业的税后利润大概只有3%到5%，承受不起数字化转型的成本。多数开展数字化转型的企业目前处于"上云"阶段，这是非常初级的阶段，缺乏进入转型深水区的理解力和推动力。

制造业数字化转型：是什么？

制造业数字化转型可以形象地比喻为育珠、强链、建网三个方面。"育珠"即培育数字化企业。利用数字化手段重塑企业的业务模式、技术范式、组织方式和文化意识，降低企业研发设计、生产制造、经营管理、运维服务等过程中的不确定性，提升企业竞争力。"强链"即构建数字化供应链和产业链。增强企业与企业间上下游供应链弹性，以及产业链韧性，抵御断链、移链等风险，保障可持续发展。"建网"即打造制造业数字化生态。通过建设数字化基础设施，提供全面的数字化配套服务，打造数字化集群，构建数字化网络生态（图5-18）。

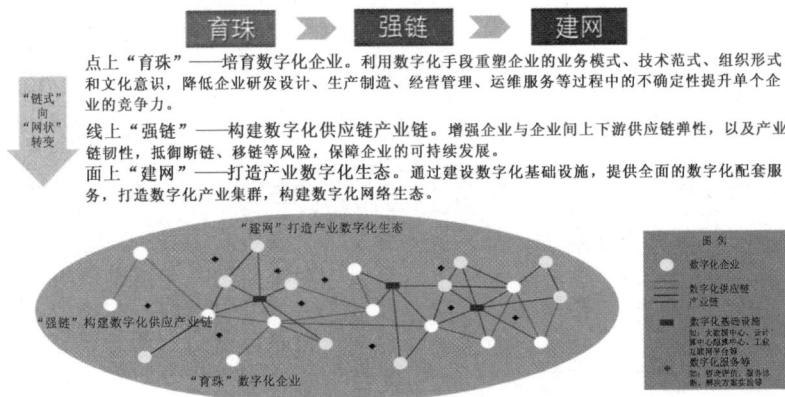

图 5-18　育珠、强链、建网

图片来源：中国电子技术标准化研究院《制造业数字化转型路线图（2021）》。

制造业数字化转型：转什么？

Gartner 曾对数字化和数字化转型有一个十分明确的定义。数字化（Digital）是通过二进制代码表示物理项目和活动。当用作形容词时，它描述了最新数字技术在改善组织流程、改善人、组织和事物之间的互动，使新的商业模式成为可能等方面的主要用途。对于数字化转型，实际上，Gatner 称为数字业务转型（Digital Business Transformation），是一个利用数字技术和支持能力创建强大的新数字业务模式的过程。因此，数字化转型需以业务转型为根本（图5-19）。

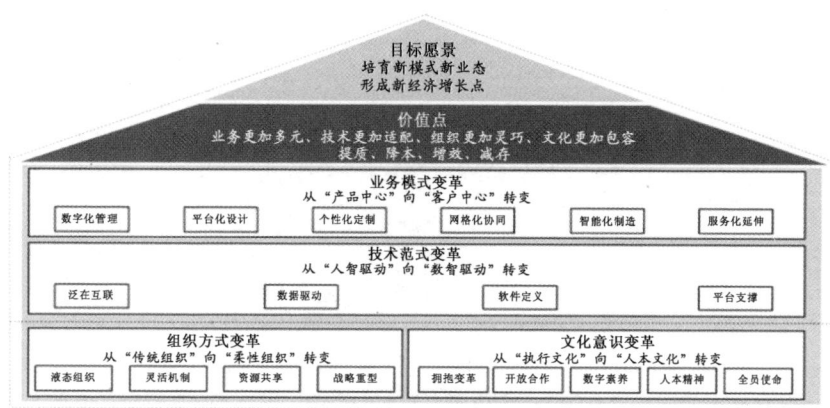

图 5-19　企业数字化转型体系

图片来源：中国电子技术标准化研究院《制造业数字化转型路线图（2021）》。

在企业层面，数字化转型是利用新一代信息技术，加速数据的自由流动，实现全生产要素、全产业链、全价值链的全面连接，推动企业形态、生产方式、业务模式发生根本性变革的过程。数字化转型是一个变化的过程，不是一个静止的概念。从企业愿景的角度来看，转型就是要改变传统的发展模式，转型的标志就是要培育新的模式、新的业态，形成企业新的增长点。从具体目标的角度来看，转型要以为企业创造价值为根本，在业务、技术、组织、文化等方面持续转变，更好地提质降本增效减存。

业务模式实现从"产品中心"向"客户中心"转变。数字化转型要从业务转型入手。业务模式的变革是企业开展数字化转型的出发点和落脚点，是转型价值的直接体现。数字化转型不是在原有信息化基础上的小修小补，而要用新的业务视角，重构商业逻辑。转型既不是升级，也不是转行；既要依附于原有业务，也需要转换商业模式（图 5-20）。

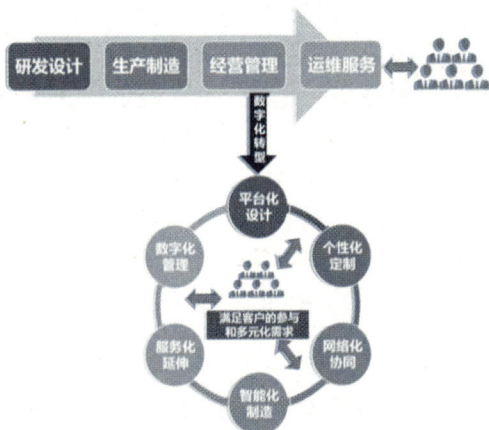

图 5-20　从产品中心向客户中心转变

图片来源：中国电子技术标准化研究院《制造业数字化转型路线图（2021）》。

技术范式实现从人智驱动向数智驱动转变。新业务模式的变革，需要技术范式的支撑。数字化时代，数据作为新的生产要素将为企业的生产、组织和运营带来新的价值。基于对海量工业数据的采集、分析、治理和共享，企业推动生产经营决策从人智不断发展为机器辅智、混智，并向数智演进，提升资源优化配置效率（图 5-21）。

模式	定义	感知	分析	决策	执行
人智	企业运用数字孪生、大数据等信息技术，不断将工艺知识、工业经验、机理模型等进行数字化沉淀，充分实现物理空间在信息空间的映射，但仍然依赖人进行决策	通过传感器、RFID等方式采集数据	通过上下限、坏值剔除等方式进行数据筛选，并转换成有逻辑的信息展示，人基于经验、机器状态进行决策		人操作机器软件等执行
		机器　人	数据　人		机器　人
辐智	企业建立知识库、专家系统等，机器基于数据分析模型，识别出未知问题提示人进行决策	面向已知问题的数据采集	建立知识库、专家系统等，机器基于已有的知识进行决策处理，并通过数据分析模型等对未知问题进行识别，提示人进行处理		已知问题机器自动执行，未知问题人操作机器控制
		机器　人	数据　人		机器　人
混智	企业建立机理模型、数据分析模型及模型间的关系，机器对未知问题给出决策建议	以需求为导向的数据采集，异构数据融合	建立机理模型、数据分析模型及模型间的关系，个体模型能在信息空间进行协作；已知问题机器基于知识库决策处理，未知问题由机器为模型给出建议，达到人机协调		已知问题机器自动执行，未知问题由机器驱动共同执行
		机器　人	数据　人		机器　人
数智	企业建立高级模型分析，进行对多对象多目标分析，机器能够自主处理未知问题	基于业务需求，自主调整数据采集的数量、频率、内容	建立高级模型分析，模型问题通过特征关联、协同推演等方式进行多对象多目标分析；已知问题机器自动执行，未知问题机器可根据信息空间的变化自主处理		已知问题机器自动执行，未知问题机器自动控制
		机器　人	数据　人		机器　人

图 5-21 从人智驱动向数智驱动转变表图

图片来源：中国电子技术标准化研究院《信息物理系统（CPS）建设指南（2020）》。

组织方式实现从传统组织向柔性组织转变。 新业务和新技术的创新，需要企业对组织结构、人员结构和行为方式等作出调整。传统层级式的组织架构，很难适应快节奏的市场变化，满足客户对于生产全流程参与的需求；数字化时代，信息的传递更需要广播式的组织架构，每个人都可以成为信息发布的节点，企业构建新型组织方式为员工提供开放共享、沟通协作的平台，减少信息壁垒，实现降本增效（图 5-22）。

文化意识实现从执行文化向人本文化转变。 组织的变革，需要文化的加持和助力。很多企业开展数字化转型更看重于技术、管理等，而忽视了人的重要性。企业运行的基础要素是人，一切问题归根结底是人的问题，只有通过从上至下地推行数字化理念，培养全体员工从

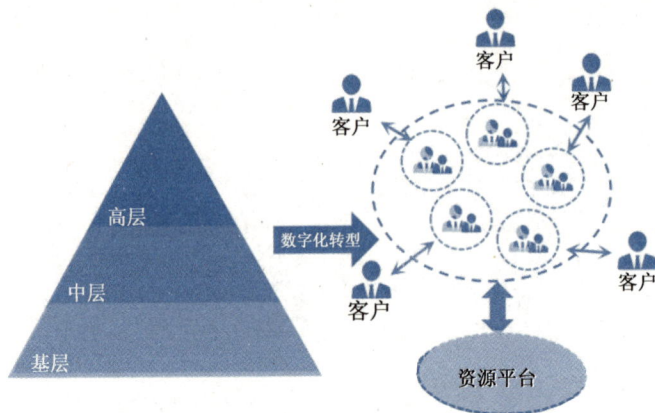

图 5-22　从传统组织向柔性组织转变

图片来源：中国电子技术标准化研究院《制造业数字化转型路线图（2021）》。

数字化角度思考问题的意识，用数字化工具解决问题，形成企业的数字化文化，全体员工才能更加深刻理解、贯彻数字化战略（图5-23）。

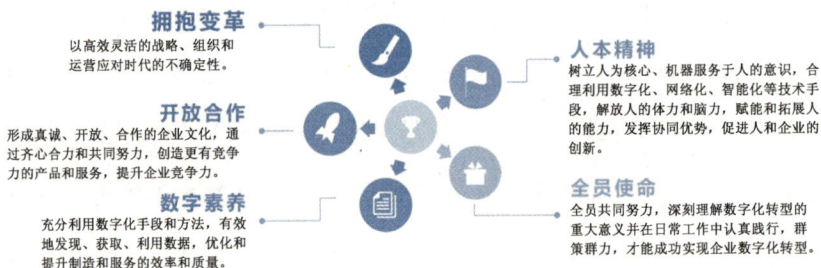

图 5-23　从"执行文化"向"人本文化"转变

图片来源：中国电子技术标准化研究院《制造业数字化转型路线图（2021）》。

制造业数字化转型：转到哪

　　企业数字化转型的路径既非一蹴而就也非千篇一律，但却有规律可循。《制造业数字化转型路线图（2021）》将企业数字化转型实践路径分为单点应用、局部优化、体系融合、生态重构 4 个阶段。在不同的阶段中，围绕业务模式、技术范式、文化意识、执行能式和组织方式 5 个转型维度形成了一些具有通用性、普适性的关键能力要素，进而构建起企业数字化转型的通用能力"海星"象限模型（图 5-24）。

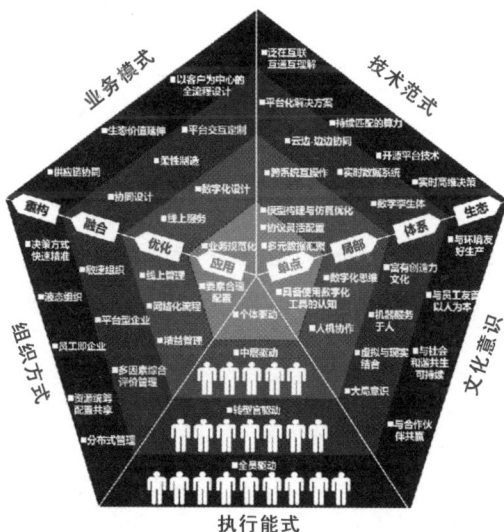

图 5-24 企业数字化转型通用能力"海星"象限模型

图片来源：中国电子技术标准化研究院《信息物理系统（CPS）建设指南（2020）》。

单点应用阶段，数字化转型刚刚起步，企业管理者往往会产生"数字化投入如何快速给我带来收益？"的疑问。单点应用的目标是实现企业关键业务环节的数字化表达，关注点在于通过数字化工具和设备投入，实现某一环节的数据汇聚和互联互通的操作，基于数据解决实际遇到的单点问题。单点应用的主要特征体现在企业研发设计、生产制造、经营管理、运维服务等某个环节的数字化实践应用上。单点应用的突破需要企业抽象出高频、成本低、收益大且相对独立的业务场景，把握数据这一核心驱动要素，从采集、汇聚、分析、沉淀等方面入手，将数据的价值融合到企业关键环节的活动中，从流程驱动转向数据驱动。单点应用对于数字化能力基础薄弱或数字化资金投入能力有限的企业来说，能够帮助其在短期内投入最小成本收获较大价值，带来明显收益。

局部优化阶段，在单点应用取得成效的基础上，企业进一步借助数字化手段将过去局限于某个设备、系统或业务环节的数据进行系统性集成管理，关注点在于集成，企业管理者往往会产生"还需要哪些环节进行数字化改造？"的疑问。开展局部优化的目标是借助数字化的手段，企业将过去局限于某个设备、系统或业务环节的数据进行系统性集成管理，打破信息孤岛，实现跨部门、跨系统和跨业务环节的集成优化，从而达到降本增效的目的。局部优化以企业的关键业务为核心，实现对相关多个业务环节和流程系统的集成。基于关键设备和业务系统的数据集成共享，开展业务流程优化和组织架构调整的工作，形成数据驱动的系统建设、集成、运维和持续改进的机制。局部优化对传统的已建立的规则和工业实践发起挑战，是数字化新方案对既有方案的改造升级。局部优化对于具备一定数字化基础的企业来说，有助于进一步深入开展数字化业务，积累数字化实践经验，为企业的全面数字化打下扎实基础。

体系融合阶段，企业管理者往往感受到了数字化投入的优越感，坚定"所有业务都值得用数字化手段升级一遍"的决心，关注点在于平台建设，以平台实现对企业全链条业务的优化和协同共享。开展体系融合的目标是通过工业互联网平台汇集各种要素资源，形成支撑能力，关注点在于平台建设，以实现企业全链条业务的优化和协同共享。体系融合体现在多个环节的协同优化，数字技术应用深入到整个企业生产经营的全过程，行业级工业互联网平台在此阶段涌现。平台作为该阶段数字化转型的关键基础设施，一方面将管理知识、工艺机理、专家经验等沉淀封装，形成可复用、可移植的微服务组件和工业App，并结合海量数据进行分析和决策优化，实现机理模型结合数据科学的智能化，突破原有知识边界和封闭知识体系，带来新的知识；另一方面通过人、机、物的全面互联，打通企业研发设计、生产、供应、销售、服务等各个业务环节，实现各方面资源要素的连接和整合，推动资源的高效配置和内外部的协同优化。体系融合对于数字化基础能力较好的平台型企业来说，是实现全链条业务协同的重要方式。

生态重构阶段，企业管理者进一步反思"未来将是一家怎样的企业"，该阶段的关注点在于生态价值的延伸创造、与合作伙伴和谐共生的可持续发展文化理念。生态重构的目标在于通过依托工业互联网平台等各类创新体，打通企业内部，供应链，产业链上下游的信息链、创新链、价值链，实现企业与企业间的泛在互联、深度协同、弹性供给和高效配置，开辟多种新型合作路径和商业模式，建立价值观一致的企业生态群。不断涌现的新技术和新商业模式颠覆了原有的企业竞争格局，企业的持续发展正从竞争逻辑向共生逻辑转变，从单打独斗向合作共进、合作共享、合作共赢的新生态转型。生态重构不断挖掘自身优势，转变发展方式，变革发展生态，形成在产业链、供应链中极有价值的独特定位，是企业通过数字化转型拥抱变革、应对环境复杂性和不确定性的根本。在产业层面，政府（链长）发挥主导和带动作用；头部大型企业（链主）以雄厚的实力和资源控制能力搭建生态平台，吸引企业聚集，在生态内发挥调控作用；中小企业充分发挥自身专业化方面和协作能力方面的优势，激发市场活性，广泛参与分工。生态重构充分发挥企业主体作用，形成高效的产业生态运行模式，打造有机协同、优势互补、合作共赢、持续发展的健康生态。

小马过河，冷暖自知。

第六章

渐明的数字共识

一心向着自己的目标前进的人，整个世界都给他让路。

——拉尔夫·沃尔多·爱默生

数字化就像人类发现的又一块新大陆，世界各国都争相要在数字化这块新大陆上占据一席之地，而数以万计的企业也跃跃欲试，在数字化的蓝海中试图寻找新的增长机遇。尽管国家之间的竞争有得有失，企业之间的竞争有成有败，但数字化的脚步不会停止，而数字化转型的逻辑和共识则在各国不断实践的过程中变得越发清晰。人类通过大量的数字化实践取得数字化共识，通过这些共识，我们将能够真正了解数字化转型的基本逻辑和实现路径，为数字化转型提供有价值的思路和借鉴。

6.1　数字化转型不是可选题而是必选题

在前文论述中，我们认为企业的数字化转型是必然的，原因在于巨量数据带来的新型生产力、买方市场的形成、需求的差异化及新冠肺炎疫情带来的不确定性，都促使企业进入数字化的新时代。从宏观的角度来看，数据作为一种新的生产要素必然会成为经济新的增长点，因此数字化作为一种整体趋势，必然是企业持续经营的必由之路，在数字化进程中落后的企业必然受到率先完成数字化转型的企业在综合成本、市场份额、需求匹配、消费者黏性、品牌影响力等方面的影响，而落后企业也必然会在竞争中处于劣势并逐渐被市场淘汰。显然，大数据时代是不可逆的，随着数据数量和质量的同步提升，数据这一生产要素在企业生产中扮演的角色将越来越重要，只有提前进行数字化转型布局的企业才能获取数据增长的红利，因此对于企业来说，数字化转型不是可选题，而是必选题。

此外，由于近年来黑天鹅事件频发、国际竞争加剧、市场竞争压力加大等因素，倒逼企业不断加快数字化转型步伐。特别是新冠肺炎疫情期间，数字化转型程度较高的企业能迅速应对供应链险情，通过无人生产、远程运维等方式实现快速复产。这对企业管理者进行了事实性思想教育，越来越多的企业管理者开始认同数字化转型的必要性。目前，传统派企业管理者逐渐减少，大量企业开始投入到数字化转型的浪潮中。因此，不论是从主动适应买方市场、提高生产效率，还是从被动应对不确定性、提升风险抵抗能力等角度进行考虑，数字化转型都是企业的必选题。

然而，在数字化转型的浪潮下，部分企业的保守型管理者却仍然迟疑不决，或是缺乏勇往直前的创新勇气，或是没有坚持到底的战略定力。这些企业的经营者往往对数字化的作用存疑，原因在于：一部分企业满足于当前在某个领域拥有的垄断地位，在凭借已有的模式就能获取超额利润的情况下，并不愿意花费额外的成本和时间进行数字化转型；另一部分企业的经营者由于缺乏前瞻性、信息来源闭塞、数字化知识欠缺、没有了解成功案例等原因，害怕数字化转型的资源投入大、失败成本高、工作难度大、回报周期长，不敢贸然进行数字化转型。

总的来说，目前不同企业管理的思路尚未统一，发展道路不尽相同。相信在可预见的未来，随着数字化转型逐渐从量变走向质变，数字化转型的趋势将越发明显，数字化转型的社会共识将进一步加深，数字化转型战略将真正发挥其价值，加快实现企业业务的转型、创新和增长。

> **茶余饭后**
>
> ### 海尔HR，数字化打破空间隔离
>
> 在后疫情时代，区域性的疫情防控逐渐常态化，常常会对跨区域、跨省市的人员流动产生影响，进一步阻碍了企业的线下经济活动。这使得原本的企业运营模式变得效率低下，无法有效应对空间隔离的不确定性。
>
> 为此，作为海尔集团新一代人力资源管理团队（HR），海尔HR共享为我们提供了一份数字化的解决方案。海尔HR共享成立于2008年，经历了成

长期、成熟期、数字化转型期三个发展阶段，其定位是体验为王，实现高体验、高效率和高价值的管理目标。自 2020 年新冠肺炎疫情暴发以来，海尔 HR 共享一直致力于集团人力资源管理模式的数字化转型，包括将线下传统的物理大厅打造成 HR 云大厅，将入职、离职、证明、公积金、合同等人力资源业务全部搬到云端，为客户提供零跑腿、零签字、零延误的服务，为用户创造了最佳场景体验和最优运作效率。

以 HR 云大厅的电子签功能为例，原先线下纸质合同签署容易出现排队等待、信息重复填写、地域局限、员工需要多次往返等问题，全流程耗时烦琐。此外，还存在他人代签、合同文本查阅不便捷、新员工数量巨大等挑战。在后疫情时代，员工的跨区域往返容易受到隔离的影响，使工作效率大幅降低。为解决以上问题，海尔 HR 共享决定上线电子签替代传统纸质劳动合同签署：海尔 HR 云大厅对内部员工的个人数据进行数字化集成，由内部系统通过检索系统内用户信息，智能锁定需要进行合同签署的人员。不论是新入职人员还是合同到期需要续期的人员，系统都将为有合同签署需求的人员生成用户个人专属版本的合同，然后发送至用户手机端并提醒其进行合同签署。通过 HR 云大厅的横向打通系统并实现数据流转，员工可以轻松实现在线合同签署，是数字化打破空间隔离的成功案例。

6.2　数字化转型需坚持"一把手"工程

现如今，越来越多的企业正在加快数字化转型的步伐，但许多企业对数字化转型的认知仍停留在技术认知和业务认知的阶段，企业数字化转型的落脚点往往首要考虑数字化技术与业务之间的对接，即如何通过数字化的技术方案解决企业业务的痛点，迅速获取消费者需求，提高企业的生产效率，降低企业的综合成本。然而，数字化转型并不是单纯的技术布局，企业内部的制度和生产关系的变革也是数字化转型的关键一环。从经济学的角度来看，当数据作为一种新的生产要素被引入企业生产实践时，新的生产关系也会随之产生。这种新的生产关系反映了数据所有者（企业股东、董事会、高管）与数据使用者（中层管理人员、一线员工）之间的劳动关系，具体包括数字化生产的绩效考核、资源配置、收益分配等环节。马克思和恩格斯的政治经济学告诉我们，生产力决定生产关系，而生产关系要适应生产力的发展，所以新的生产关系必须要能够适配数据这一新的生产力，才能发挥生产力的最大化。

因此，在企业数字化转型的过程中，组织和系统化的变革是重要的考量因素，而数字化转型要成功推进，必须是"一把手"工程，即数字化转型必须由企业的一把手推动，因为只有一把手最清楚企业的使命、远景、业务和顶层战略，同时对接用户的价值。企业的数字化转型要想不偏航，则必须由一把手作为企业战略和用户价值之间的桥梁，由一把手主导企业整体数字化转型中各模块之间的设计关系和路径，最终实现用户价值的创造和交付。由此可见，深化数字化转型，不仅仅是技术上的改进，更深层次在于制度、流程、考核、资源等生产关系的调整。因此，必须强化顶层设计，充分发挥董事会、高管层的作用，立足自身差异化的竞争优势，制定战略实施计划，一张蓝图干到底。

➡ **茶余饭后**

三一重工——教科书级的"一把手工程"

三一重工作为我国老牌的机械企业，也是最早开始布局数字化转型的头部企业之一。2018 年 3 月 13 日，三一重工董事长梁稳根在十三届全国人大会上表示，"三一的数字化转型，要么翻身，要么翻船！"，自此三一重工的数字化转型正式拉开帷幕。在三年内，三一重工在数字化转型上的投入超过百亿，打造了包括 FCC（工厂控制中心）、"5G+AR"人工协同系统、"根云平台"（后台运算系统）在内的多个先进数字平台，实现了从订单到交付的全流程数据驱动，订单可快速分解到每条柔性生产线、每台设备、每个工人，并匹配最优参数，优化生产节拍。

三一重工的成功离不开董事长梁稳根的决心。在三一重工数字化转型的过程中，"一把手工程"发挥了重要的作用。为了实现数字化的宏伟蓝图，一把手梁稳根做的第一件事情就是亲自学习，每天下班之后 1 小时运动，1小时加班，1.5 小时学习。看了好的文章、好的书籍让高管团队一同学习，学习完后必须分享，每个人写 300～500 字心得，写数字化日记。为了防止高管团队外包让秘书写学习心得，梁稳根要求高管必须脱稿发言并排名。每周的高管午餐会，30 个高管回顾当前数字化转型项目的问题，周六扩大到 80 多个高管讨论数字化转型的问题，月例会让更多人参加。

三一重工数字化转型"一把手工程"的核心逻辑在于"一把手领航＋全员认知＋统筹转型"。一把手领航推动了高管团队、中低层干部、一线工作人员的全员学习，使整个集团成为一个数字化的学习型组织。实现数字化全员认知后，三一重工统筹了机构的调整和人员的转型：一方面成立了智能制造研究院，通过总部的智能研究院，给各个事业部智能研究所研究中心赋能，做平台型数字化架构；另一方面，三一重工也在大量地引进新人，从GE、埃森哲、西门子、IBM等引进咨询顾问和工业互联网专家，并让原来的部分员工学习新的数字化技术，通过转变员工的职责实现人的数字化转型。在这一过程中，一把手对数字化和企业战略的深刻认知能够帮助企业的数字化转型不偏航，一把手对数字化的高度信任确保了数字化有效落实，这两点是"一把手工程"能够成功的关键要素。

6.3 比"机器换人"更重要的是"软件换脑"

在对企业数字化转型的考察过程中，我们发现部分企业的管理者仅仅把数字化简单看作是一种互联网新技术的应用，或是等同于将线下部分搬到线上，或是建立单个管理系统，这是典型的"机器换人"的思想。"机器换人"意味着企业只认为数字化转型的任务是引入数字化机器或系统，进而替代部分传统人力职能，实现企业人力成本的降低及生产效率的提高。事实上，"机器换人"的思想仅仅停留在对数字化的初步认知上，而这样的认知是十分片面的，原因在于：首先，"机器换人"事实上是一种碎片化供给，即针对企业生产过程中的一个或多个板块进行数字化改造，其余部分则保持不变，导致数字化系统相互之间、数字化系统和传统系统之间的数据无法自由流动，更无法进行全局优化，只能维持局部数字化生产，而这样的生产是低效率的。其次，数字化转型是一个不断更新迭代的过程，如果一个企业只关注数字化系统和机器的装配，不关注数字化软件的开发和更新，那么企业的数字化转型也无法实现自我进化，数字化也无法成为核心竞争力被注入企业的基因，其结果只能是数字化的成本不断提高而数字化带来的收益却增长缓慢。

随着数字化转型的持续推进，越来越多的企业管理者开始认识到，数字化转型不仅仅是技术的应用，更是将科技创新和商业元素重新组合，从而打造面向用户结构化需求的新型生产逻辑。在这一过程中，生产逻辑从过去依靠管理者经验和市场反馈的决策方式，变成数字化软件和系统对消费者数据、市场数据、生产数据进行匹配、集成、计算、分析并提供优化方案和决策方案的过程，这就是"软件换脑"的思想。"软件换脑"意味着数字化转型需要把人的经验用数字化软件固定下来，数字化软件和系统提供的优化解决方案将成为生产决策的重要指标，从而提高生产决策过程的精度和稳定性。

在"软件换脑"的逻辑体系下，软件可以重构企业运行体系，在企业的数字化转型过程中发挥重要作用。数据如何转化为信息，信息如何转化为知识，知识如何转化为决策，其背后都依赖于软件。软件作为一种新型生产工具，本质是通过打造"状态感知—实时分析—科学决策—精准执行"的数据闭环，为企业管理出主意、想办法，构建全行业数据自由流动的通用规则体系，重塑生产、流通、分配、消费活动，推动企业形态、管理范式、商业模式的快速迭代、持续优化和效率提升。在"软件换脑"的背景下，单个环节的数字化转型显然无法满足企业的全部需求，全局优化数字化软件系统是数字化转型的唯一解。

➡ **茶余饭后**

聚合数据——数字化的智能管家

聚合数据研发的数字化软件 DataArts 是数据敏捷治理的专家，致力于企业数据资产治理和赋能。通过对多源异构数据的归集汇聚、清洗处理、加工融合，形成企业级优质数据资产，并释放数据价值，回流赋能业务创新，支撑科学决策，企业实现数字化升级和高质量发展，是典型的"软件换脑"。

2021 年，聚合数据获得授权承建苏州市市域社会治理现代化综合指挥平台项目，该项目是苏州市作为全国首批市域社会治理现代化试点城市的重点项目。聚合数据依托 APIMaster 和 DataArts 两大核心产品，全面汇聚公安、检察、法院、司法等社会治理相关数十个局办的数据，以及吴中、姑苏、昆山、太仓等 10 个板块的实时联勤联动数据。按照全国统一的综治业务标准，通过高效的清洗处理、碰撞融合和智能化分析，形成并输出数百个高价值的数据，支撑领导科学决策，通过社会治理大数据精准赋能平安苏州。平台的建成，对于实现"市域一体"的社会治理布局、提升苏州市社会治理体系和治理能力现代化水平等方面，产生了重要价值。

6.4　行业数字化转型 = ∑ 场景的数字化

随着我国制造业数字化转型不断走实向深，推动生产方式、企业形态、商业模式发生根本性变革，创造巨大效益的同时也彰显了制造业数字化转型的勃勃生机。在实践过程中，推动制造业的数字化转型往往需要从场景的数字化入手，原因在于具体场景的需求更为明显，对症下药的数字化系统更容易开发，数字化转型的成本较低，可以作为数字化转型的试点，为后续的转型提供借鉴和思路。

海尔在天津的洗衣机互联工厂就是这样的思路：在生产流水线场景中，该工厂采用数字化仿真技术，通过 5G 和大数据技术应用让流水线实现生产数据的自动采集、自动分析、自动纠偏、自动决策，提高生产效率。面对供应商场景时，该工厂建立了数字化采购平台，衔接其他供应商的生产数据，一旦发生不确定因素对供应链造成冲击的特殊情况时，工厂能够通过该平台，及时匹配其他供应商承接生产任务，保障配套物料的供应。可见，场景的数字化转型方案往往更容易实施，因为基于场景进行数字化的目标很明确、转型思路清晰，且采用的技术并不复杂。

所以，考虑不同场景下的数字化实现过程是推动制造业整体数字化转型的前提条件，当不同场景的数字化转型取得一定进展时，更为宏观的制造业数字化转型才能具备微观基础。这一过程也可以被形容为：行业数字化转型 = ∑ 场景的数字化。

场景识别：什么是场景，什么是场景的数字化

通俗来说，场景就是我们日常生活、生产、消费和服务的具体环境，就像是一个镜头，不断地记录着人类活动。这个镜头不仅可以进行动态的记录，还能自动调整焦距，既可以专注于某个特定动作的发生过程，也可以拉大视角观察到更大范围的人类活动，从而构成一个更大、更复杂、更高维度的场景。显然，场景镜头中涵盖的动作越多，那么这个场景就能够提供更多的信息，但与此同时对场景进行分析处理的难度也会越大。

随着生产技术和互联网技术的不断发展，社会经济活动也日趋复杂，具体表现为：供给端的生产环境更多样，生产环节更为细分化，在不同的生产环境和生产环节的场景下，需要数字化提供差异性的解决方案；消费端的消费环境更为多元，从传统的线下消费拓展至线上的电商网络消费，未来还可能拓展至元宇宙的场景消费。同时，消费需求的差异化更为明显，丰富的物质基础和互联网平台共同推动需求差异化，消费者可以通过互联网进行实时的消费反馈，从而影响生产决策，商品市场已然成为买方市场。因此，随着供应链上的场景越来越多，场景的数字化也变得更加的多元化、复杂化和细分化，接入数字化技术的场景遍布各行各业，从生产端到需求端，整个供应链上的各个节点都能看到数字化场景。具体来说，按照场景的细分程度，数字化场景主要可以分为设备级、企业级和产业链级三个应用层级。

一是设备级场景，是场景数字化最基本的单元。设备是数据要素

的起点，是制造业数字化转型的重要支撑。设备级场景的数字化常常通过在设备端部署传感器，实时采集设备运行数据传输至云平台，进行大数据分析计算，形成"动态感知—实时分析—科学决策—精准执行"的闭环，从而提升设备的数字化、网络化、智能化水平，助力打造设备状态监测、故障报警、预测性维护等多种应用，提高设备管理质量和效率。

二是企业级场景。企业级场景的数字化需要依托新一代信息技术推动企业内部价值链和外部产业链的分工和重组，形成新的业务运行模式和产业组织形态，实现企业生产的全局优化，并打造以客户为中心的全环节实时动态交互体系，塑造企业新型能力。例如，海尔集团通过个性化定制，深刻重塑客户关系，实现了整个价值链的端到端连接，使定制产品不合格率降低了59%，按时交付达到100%，直接劳动生产效率提高28%，企业营业收入上涨44%。

三是产业链级场景。产业链环环相扣，上下游企业之间紧密相连、深刻影响，共同组成价值创造的有机统一体，而产业链级场景的数字化就是通过工业互联网平台汇聚产业链上下游的研发、生产、服务等资源，提供资源在线发布、网络协同和实时交易服务，推动供需信息、制造资源、生产能力的社会化、专业化和精准化对接，提升产业链的柔性、弹性和韧性。

数字化场景从设备级到企业级再到产业链级，其实是场景服务范围不断扩大的过程，在这一过程中，高层级的场景数字化必须依靠成熟的低层级场景数字化。例如，企业级场景需要打造以客户为中心的全环节实时动态交互体系，就必须依赖各种设备级场景中提供的数字化接口，以连接具体的生产场景进行生产的控制和资源的调配；产业链级场景需要通过工业互联网平台汇聚产业链上下游的研发、生产、服务等资源，就必须依赖供应链上下游企业的企业级场景提供的数字化接口，以读取每个企业的生产信息并进行生产控制。由此可见，产业链的数字化转型逻辑是从基础场景单元（设备级场景）开始的，通过不断进行数据的集成和技术的迭代，从而将数字化应用的场景扩展至全链。

此外，行业的数字化转型并不是单纯的足够多的场景数字化的简单加总，而是需要打破行业内部的数字壁垒、促进数据的集成和云端上链，实现有机求和。当数据能够在各个节点之间自由流动时，行业数字化转型 = $\sum$ 场景的数字化才能真正实现。

场景为王：先做场景，再做行业

对于制造业企业来说，数字化转型不是能够一蹴而就的，企业往往需要从下沉场景做起，按照"点—线—面"的发展逻辑，逐渐实现全面数字化转型，即行业数字化转型 = $\sum$ 场景的数字化。

先做下沉场景的好处在于，制造业数字化转型是一项涉及硬件改造、系统集成、流程重塑、管理创新等诸多环节的系统性工程，存在难度高、不确定性大的挑战，据麦肯锡报告显示一般企业数字化转型失败率高达80％。而场景数字化具有成本低、轻量化、易推广等特点，有利于企业逐层递进，推进制造业数字化转型由浅入深。在具体实践中，企业应当控制好转型节奏，在充分评估的基础上，寻找最优价值的场景进行优先转型。

此外，从数字化的需求和供给来看，目前先做场景数据化的可操作性比较强。从需求侧看，场景数字化区别于企业整体数字化转型的定制化路线，在不同行业、企业中存在大量共性需求，有利于快速复制、推广、应用。

从供给侧看，国内目前缺少像西门子、GE等可提供数字化转型整体解决方案的供应商，而场景数字化改造规模、难度较小且市场相对成熟，有利于从小处着手、从痛点切入，逐步提升转型水平。当前，以场景为驱动的工业数字化发展理念正逐步被业界所接受，并形成"场景为王"的基础性共识。

场景升级：行业数字化转型 = Σ场景的数字化

场景数字化是企业全面数字化转型的子集，是企业数字化转型需求最旺盛的点，通过关键场景的数字化改造，有利于快速凝聚转型共识、优化局部业务、提升数字化能力，最终达到多点协同型的全面数字化转型。当前数字化已经贯穿整体工业制造的全流程，覆盖研发设计、流程生产、供应运维等多个过程，并推进工业产业链向产品销售、增值服务、组织管理延伸，并基于多样化的新兴技术，创新研发新产品和新服务，使得数字化的应用场景得到不断拓展（表6-1）。

表 6-1　数字化场景分类表

环节	功能焦点
研发设计	工业产品的研发设计逐步趋向以用户为中心,依托售后和调研得到的大数据为客户提供精准画像,并依托大数据评测分析产品优化所需的材料,并提升产品各个环节的效能技术,以此实现产品的创新,加速产品的迭代。而在设计方面,除去 CAD、CAE 等较为成熟的数字化应用工具,3D 打印、VR 等新技术也在产品设计中得到应用
流程生产	数字化在流程生产中的应用主要体现在两方面,一方面通过工业机器人、自动化生产线、智能仪表等智能设备,减少对人工的依赖,提高生产效率和产品品质,并有效采集流程生产中的数据;另一方面通过工业互联网、MES 系统、PLM 系统的应用,对生产过程实现智能化管理,并有效分析工业机器人和设备的损耗情况
供应运维	覆盖财务管理、客户管理、供应链管理、产品质量管理、设备管理、库存管理等多个领域,依托工业大数据平台,目前 CRM、ERP、SCM、APS、EOS 等管理系统已在上述领域得到广泛应用。而不同行业拥有特殊的管理系统,如食品行业的质量可追溯系统
产品销售	数字化推进工业的产业链进一步向服务延伸,销售是主要的服务赋能环节,通过建立电商渠道扩展工业企业的销售网络,并依托数据分析、深度学习等技术分析销售大数据对客户进行精准营销,随后将数据反馈用于工业企业调整产品生产的进度和产品研发创新
增值服务	数字化服务已用于呼叫中心、在线客服、网络课堂、培训认证、知识库等方面,围绕客户、员工、研发人员提供多方面的服务
组织管理	组织管理也是数字化在工业中的一大应用场景,应用于办公网络、办公桌面、协同办公、视频会议等,提高办公的效率。依托数字化手段,减少如疫情、自然灾害等对办公的影响

数据来源:作者整理。

要想最终实现行业的全面数字化转型,需要先迈左脚,再跟右脚。首先是场景的协同共振。场景作为业务流程的基本组成单元,彼此相对独立而又深刻关联,随着单一场景数字化改造进程不断深入,将逐渐影响并引发其他场景的数字化改造,促进全局的协同优化。因此,场景的数字化首先要足够多,其次要做好两个场景之间、多个场景之间的协同,共同发挥作用,不断扩大数字化场景的范围。然后是场景的全面触发。场景数字化改造奠定了企业数字化基础，提供了大量的数字化改造实践经验，有利于推动制造企业全面数字化转型战略的落地实施。行业数字化转型的关键在于场景数字化范围已经扩大至整个企业，当行业内不同企业的数据能够高度集成并自由流动时，行业数字化转型才是成功的。总的来说，企业开展数字化转型，要优先考虑成效明显、时间较快的重点场景，推进转型场景标准化，让盆景变成风景。

第七章

迁徙的数字世界

面对无比绚丽璀璨的数字世界，一切文字描述都显得苍白无力。

——作者

未来，新的世界将充满无限想象。

7.1 十问元宇宙

元宇宙是什么

元宇宙是什么？它是在元宇宙研究中被广泛关注但是难以形成统一共识的重要问题。元宇宙源于 1992 年，NealStephenson 的科幻小说《Snow Crash》中提出的 metaverse（元宇宙，汉译本译为"超元域"）和化身（Avatar）这两个概念。经过不断地拓展和解读，在这个基础上产生了许多不同的定义和理解。当前对元宇宙的定义可以从三个维度解释"元宇宙是什么"的问题。

元宇宙是一种"新媒介"。纵观人类发展，从蛮荒时代的肢体交流到语言文字的创造和应用，从无线电的普及到互联网时代的来临，无一不是信息交流传输媒介的升级带动了世界的改变。因此信息时代向元宇宙时代的变迁也是信息传输媒介的升级所带来的结果，而元宇宙是人类文明的一种"新媒介"。元宇宙作为新媒介，能够承载更多的知识，能够无视时间、空间的限制，实现更加高效的信息交换，能够大大降低人类文明传承和发展的难度。

元宇宙是一种"新社会形态"。元宇宙的出现就像互联网走进人类生活一样，互联网使人们在家就能够了解世界，元宇宙将让人们足不出户就能感知世界。历史证明，人类文明发展到一定程度，随着技术的发展，会造成社会形态的变化。蒸汽时代的到来改变了整个世界，互联网时代、信息时代的到来也影响人们的生活、学习和工作，也改变了国家之间的竞争形势、发展方向，从而形成了新的社会形态。同样，元宇宙时代的到来也可以被认为是随着人类科技发展从而逐渐蜕变形成的"新社会形态"。

元宇宙是一个"独立世界"。随着元宇宙研究的不断推进，元宇宙已经形成了独立于现实世界的世界观，有完备的虚拟世界的规则，具备了人类可理解的所有形成独立世界的基本要素。元宇宙不仅仅能够映射现实世界，还能够突破现实世界的时空规则，实现在现实世界无法实现的事物。在元宇宙世界中，无须依托或受限于现实世界的法则，有与现实世界完全不同的构成规则，人类意识和想象成本构成这个世界最基本的元素。因此，元宇宙已经不能被认为是现实世界的一种延伸，而是一个与现实世界平行的切切实实的独立世界。

元宇宙是唯一的吗

随着元宇宙热潮的不断发酵，不同企业争相架构元宇宙，建立自己的元宇宙，而不同的元宇宙就像存在于互联网中互不兼容的各类系统，这种现状很难不让人疑惑"元宇宙是唯一的吗？"要解释这个问题，可以从元宇宙的发展大势和构成元宇宙的本质粒子两个维度进行分析。

从元宇宙发展大势层面来看，元宇宙的唯一性是大势所趋。与目前跨 App、跨互联网平台交互的面临的问题相同，不同企业开发的元宇宙之间存在不兼容不互通的问题，这种问题对于元宇宙的发展来说是致命的。元宇宙首先强调的是与现实世界近乎相同的沉浸式体验，其次是打破现实世界的时空和规则。现实的沉浸不仅仅是感官的沉浸，还包括社会关系、社交网络等一系列情感上的沉浸，而不在同一个世界中，是难以实现这种程度的沉浸的。另外，如果不能保证不同地区、不同国家、不同单位的人在同一个元宇宙世界中，虽然元宇宙本身可以突破现实世界的时空和规则，但是面对更加难以突破的元宇宙世界壁垒，这种能力将变得没有意义。

从构成元宇宙本质的粒子层面来看，元宇宙的唯一性是可行的。元宇宙是一个平行于现实世界的虚拟世界，构成元宇宙最基本的粒子是数据，所有的元宇宙都是数据的集合。从数据层面看，不同企业的元宇宙之间只要统一数据规范，开放数据端口，就可以实现互联互通。元宇宙是具备唯一性的，不同企业的元宇宙实际上可以认为是宇宙中不同的星系，在实现数据层面互联互通之后，可以打破不同星系之间的壁垒，贯通为一个唯一的元宇宙。

元宇宙与数字孪生有区别吗

元宇宙是数字孪生在技术层面的进阶与优化。元宇宙与数字孪生最终将走到同一个目标。从建设定位上看，数字孪生是新一代信息技术不断发展和应用的产物，数字孪生的概念更偏向的技术应用层面；元宇宙是人类科学技术发展到一定程度自然而然，是一种新的社会形态。从作用维度上看，数字孪生的作用维度和作用基点是物理世界，通过新一代信息技术不断完善优化物理世界的各种场景。元宇宙作为一个独立的世界，一方面能够映射物理世界，优化物理世界的不同场景，另一方面也能够突破物理世界规则的现实，实现虚拟世界创造。从作用范围上看，数字孪生在不断改变我们的生活，作用在生活中的各个场景，元宇宙不仅作用于人类的物质生活，更是作用于人类的精神世界。

虚拟与现实的关系是什么

元宇宙作为一个平行于现实世界的虚拟世界，其存在虽然独立于现实世界，但是并不是与现实世界毫无关联。两个世界之间的关系主要集中在以下几个方面：

现实世界是虚拟世界的基础。虚拟世界的架构虽然与现实世界不同，但是来源于现实世界中存在的认知，所以，在意识层面上，现实世界是虚拟世界的基础。虚拟世界的运转也需要人类意识的进入，而联通两个世界需要大量的现实设备和技术进行支撑。因此，从认知层面上，现实世界仍然是虚拟世界的基础。

现实世界影响虚拟世界。人类进入虚拟世界，通过意识影响虚拟世界，但是人类受到现实世界的制约和影响。因此，现实世界的变化也会造成虚拟世界的变化。

虚拟世界映射现实世界。现实世界不是单方面影响虚拟世界，虚拟世界能够映射现实世界，通过虚拟世界的变化，从而改变现实世界。例如，在虚拟世界中映射工厂生产场景，在虚拟世界进行生产控制，可以在现实世界中得以实施。

虚拟世界补足现实世界。虚拟世界不是完全照搬现实世界，虚世界能够打破现实世界规则的束缚，实现现实世界无法完成的事情。例如，虚拟世界的仿真模拟能够大量降低现实世界实验的物质成本和时间成本。

人类是否需要元宇宙

元宇宙不是可选项，而是必选项！元宇宙是人类发展的科技树上难以跨越的节点。在进入信息时代之后，人类在物质世界的探索方面无疑遇到了瓶颈，寻求虚拟与现实相结合是目前人类突破发展瓶颈重要的方式之一，元宇宙将成为人类在多维宇宙空间探索中的一项重要尝试。人类急需一个更加稳定更加出色的社会形态来应对自然灾害和各种突发状况。随着近年来洪水、疫情等天灾的发生，社会、经济等方面都受到了重大的打击，金融危机、粮食短缺等现实状况不断在冲击人类社会的稳定和谐，建立虚拟与现实相结合得更加稳定的新社会形态无疑成为稳定当前形势的重要方式之一。人类的传承和发展需要更加高效和便捷的手段。随着人类几千年的发展，积累了庞大的知识储备，导致人类的传承也愈加困难，信息时代的发展虽然提高了知识传递的效率，降低了知识获取的难度，但是庞大知识输入对人类的理解能力和思维能力带来了重大的挑战，人类急需一种更加高效、便捷、简易的知识传承方式。

企业、个人将在元宇宙中扮演什么样的角色

在未来，元宇宙将成为一个全员参与的经济系统，在这个经济系统中，政府、企业和个人将扮演不同的角色，并成为经济系统中的重

要一环。

企业扮演的是元宇宙的开拓者、生产者和使用者的角色。开拓者的角色，在元宇宙中开拓可被利用的元宇宙空间，即搭建公司自己的元宇宙平台、元宇宙世界，并负责平台的日常运维服务。企业作为生产者角色，一方面负责的是元宇宙中生产要素的供给，提供企业在元宇宙中运行的生产工具和材料，如工具、算力等。另一方面负责的是元宇宙和现实世界相互映射过程中需要的要素的供给，如映射设备、软件等。企业作为使用者的角色，从开拓者手中购置已经架构好的元宇宙空间，进行进一步的场景搭建和设计开发，以满足企业生产运营的需要。

人扮演的是元宇宙中的参与者和消费者。作为参与者，人将参与元宇宙中的每个环节，以虚拟人、数字人的形态加入到整个元宇宙的运行中。另外，在元宇宙中人也是形成经济系统闭环必不可少的一环，作为消费者，人将通过消费 NFT 等形式换取元宇宙中提供的各项服务。

产业元宇宙的发展趋势是什么

产业元宇宙化是产业元宇宙发展的必然趋势。要实现元宇宙的产业化，就必须将产业元宇宙化。元宇宙的应用推广，必然产生新的变化，而产业要在元宇宙中发展，必然面临各个维度的改造。

内核技术的元宇宙化。元宇宙可以认为是人类对多维空间的一种模拟和探索。因此想要实现产业的元宇宙化就必须将产业的内核技术从"数据互联"的形态上升到"时空互联"的形态。类似从二维空间向三维空间的过渡，产业在元宇宙中的运营，将从平面变得立体，在生产效率提升的同时也将面临更加庞大的数据量，这就要求产业的内核技术能够适应这种变化。

交互媒介的元宇宙化。元宇宙的人机交互已经从单纯的视觉交互上升到全感知交互。因此产业元宇宙的交互媒介也将从视觉媒介上升到全感知媒介，以适应元宇宙中产生的多维感知数据。

用户载体的元宇宙化。产业元宇宙的用户载体从用户 ID 升级成虚拟数字人。产业元宇宙中的对用户的定义与传统互联网中用户 ID 和文字字段标记用户有本质区别。元宇宙中的虚拟人、数字人将包含更加全面的用户信息（如外貌、音色、惯性行为、情绪波动等），已经不能完全用文本数据进行表达。另外，用户之间将进行更加频繁、更加全面的交互，将涉及更加复杂的用户信息描述，也促使产业元宇宙用户载体的升级。

场景架构的元宇宙化。产业元宇宙将实现元化万物，将现实场景虚拟化，并且实现虚实结合，消除现实和虚拟的边界。这个过程不仅仅要求将现实场景在元宇宙中尽可能真实地还原，还需要进一步模拟场景中各个物体在真实世界的关联和逻辑，以此保证元宇宙中产业场景的真实性、可靠性，并实现现实和虚拟的同步映射。

通用标准的元宇宙化。在产业元宇宙中，传统的标准将不再适应元宇宙的环境，制定适应元宇宙环境的标准，引导产业在元宇宙中协调发展。

人伦体系的元宇宙化。产业元宇宙作为新概念、新业态，在元宇宙社会形态的形成过程中，必然会涉及更多的人伦问题。在产业元宇宙中建立文明互信，跨越国家、种族和文明的人类普适伦理体系才能支撑元宇宙的可持续发展。

元宇宙在产业端如何发挥价值

元宇宙在产业端发挥的价值主要为以下几点：

极高的效率。元宇宙能够打破物理世界的时间和空间的限制，通过元宇宙能够实现超远距离的场景感知、互动交流、远程控制，极大地提升生产运营效率。

完美的协调。元宇宙能够将坐落在现实世界不同位置的各个场景进行仿真，集中在元宇宙中形成映射，并且庞大的计算能力能够实现全场景的协调控制，具备完美的协调能力。

全面的分析。元宇宙相较于传统的互联网平台，更加贴近真实，获取的数据更加全面，能够对生产运营场景进行更加高效、真实、全面的分析。

安全的保障。元宇宙能够实现现实场景的仿真和映射，人能够在虚拟场景中完成可能发生危险的工作，保障了人员的安全，降低了事故发生率。

元宇宙可能带来哪些风险

人伦缺失。元宇宙的发展会带来更多的行为模式和问题，难以保证不与人伦道德相冲突。元宇宙是高自由度、高开放度、高包容度的世界。作为各种社会关系的超现实集合体，当中的道德准则、权力结构、分配逻辑、组织形态等复杂规则也需要有明确的定义和规范。高自由度不意味着行为不受约束，高开放度也并非边界的无限泛化。

法律盲区。元宇宙在形成新的社会形态的过程中将伴随更多新的社会问题。但是现有的法律难以覆盖和界定虚拟世界中虚拟人的行为，存在大量的法律盲区。例如，虚拟人性骚扰事件，没有法律能够对此类行为追责量刑。

经济风险。元宇宙形成初期，在没有完善健全的经济体制的情况下，元宇宙经济系统难以维稳，例如，虚拟币作为元宇宙的经济系统支撑，在元宇宙概念炒作加持下币价出现持续震荡；非理性的舆论炒作造成的经济泡沫也会造成元宇宙经济系统的持续动荡。另外，当前元宇宙被各家巨头垄断，很难实现完全的开放和去中心化。而且，元宇宙与现实世界存在紧密的联系，元宇宙经济系统的动荡很有可能向现实传导。

产业内卷。产业的元宇宙化是一个持续发展，不断完善的过程，但是由于概念的炒作和行业的竞争，元宇宙产业不断内卷，通过制造概念抢占资本和用户的想象空间，却忽略了自身的发展和进步。这造成概念上的突破并没有从本质上改变产业的性质，在实际生产中难以得到突破，反而加重产业内卷的态势。

民生问题。元宇宙的发展热潮必然会吸引大量社会资源投入虚拟世界中，如何保证虚拟与现实的平衡将成为民生方面最主要的问题。一方面，社会资源的倾斜会一定程度造成对民生产业关注的减少，并且会带来就业、生育、养老等大量社会问题。另一方面，人们过度沉浸虚拟世界亦有可能加剧社交恐惧、社会疏离等心理问题。

　　基建压力。元宇宙对技术、设备、算力等都有极高的要求。元宇宙的全面铺开必然会对技术能力、设备研发、算力支撑等造成极大压力。技术能力难以为继、设备成本高昂、算力难以保障将成为元宇宙发展不得不面对的问题。

我们与元宇宙的距离

　　我们仍然处于元宇宙的初始阶段。元宇宙的发展是一个循序渐进的过程，需要经过初始阶段、规划阶段、系统阶段和优化阶段。元宇宙概念的最初来源于一个沉浸式的虚拟世界，因此在元宇宙的初始阶段，仅仅只需要满足部分场景模块的仿真模拟、虚拟体验。在元宇宙的规划阶段，将形成全场景虚拟仿真，实现重点场景模块的虚实交互映射。在元宇宙的系统阶段，将实现全场景模块的系统联动应用，实现全场景的虚实交互映射。在元宇宙的优化阶段将试点全场景自适应智能调节和高精度仿真，实现全场景系统的虚拟行为联动预测和瞬时映射。当前，虽然已经有许多元宇宙完成了搭建，但都是针对单一特定场景的模拟仿真，并且没有实现全面的推广应用，因此我们仍处于元宇宙的初始阶段。

7.2 元宇宙的本质：物理时空的"数字编织"

人类定义的时间严重束缚住了我们的思维。在物理世界中，我们常常更多地关注物理世界的空间结构，而极易忽略掉其时间结构的存在。古人云"四方上下谓之宇，古往今来谓之宙"，宇代表着无限空间，宙代表着无限时间，宇宙就是无限空间和无限时间的总和。时下，在探讨元宇宙的众多话题中，无一例外地都忽视了对时间维度的探讨。而真正实现元宇宙的标志，一定是时空并重、时空同步的数字化，缺一不可。如果把信息物理系统（CPS）看成对物理空间的"数字编织"，那么元宇宙就是对物理空间和时间的双重数字化，是对时空的"数字编织"。

信息物理系统：物理空间的数字化

《信息物理系统白皮书（2017）》中曾经给出过信息物理系统的定义，即CPS通过集成先进的感知、计算、通信、控制等信息技术和自动控制技术，构建了物理空间与信息空间中人、机、物、环境、信息等要素相互映射、适时交互、高效协同的复杂系统，实现系统内资源配置和运行的按需响应、快速迭代、动态优化（图7-1）。一硬、一软、一网、一平台是构建信息物理系统的四大核心基础。

《信息物理系统白皮书（2017）》指出，近几年，对CPS的研究逐渐从概念走向落地，研究的焦点逐渐转向CPS的核心：数字孪生。《信息物理系统（CPS）建设指南（2020）》对数字孪生给出了较为

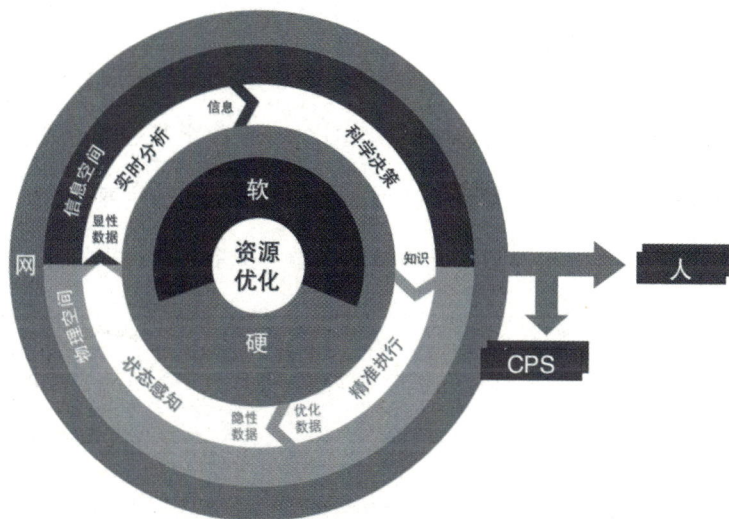

图 7-1 CPS 的本质

图片来源：《信息物理系统白皮书（2017）》。

规范的解释：数字孪生是基于传感器更新、运行历史、物理模型等孪生数据，完成从物理实体到信息虚体的模型映射，以及从信息虚体反馈至物理实体的过程。数字孪生包括物理实体、信息虚体、交互对接（图7-2）。

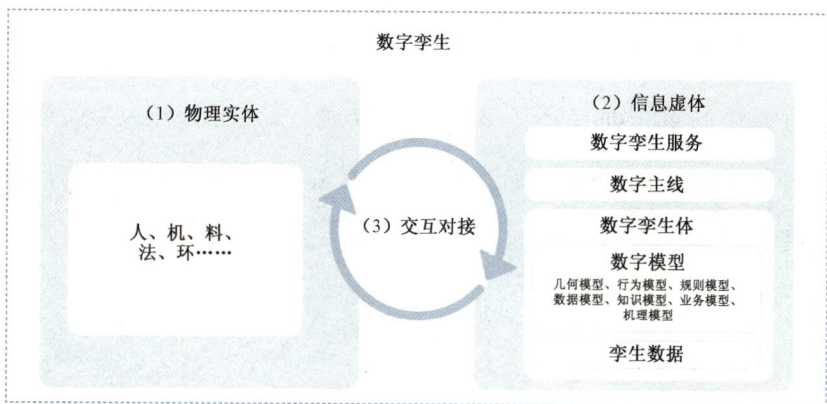

图 7-2 数字孪生的定义

图片来源：《信息物理系统（CPS）建设指南（2020）》。

无论是对 CPS 的描述还是对数字孪生的理解，我们可以发现，在 CPS 研究体系中，对信息空间的描述主要是对物理世界中的空间维度进行刻画，对物理世界中的物理实体进行数字孪生化。数字孪生是以物理世界为重心，着重解决现实世界的问题，数字孪生体与现实世界中的物理实体相对应。无论是基于数字孪生的运行模拟还是基于数字孪生的在线优化，其信息虚体对标的是物理实体，而在 CPS 中呈现出来的 CPS 时间对标的仍是物理时间，并没有超越物理时间的边界。

元宇宙时间的扩大效应

中金《元宇宙：空间升维、时间延展、社会重构》报告研究指出，元宇宙通过梦境时间扩大效应、意识永生等手段延伸人类的生命跨度，扩大劳动力生产要素供给。一方面，类比梦境，元宇宙具有时间扩大效应，人类在梦境中意识形态所经历的时间约为物理世界实际时间的 1.5 倍，即单位时间人类在梦境中可以从事 1.5 倍的工作，考虑到元宇宙同为意识形态畅游的空间，预计物理世界中的 24 小时大约对应元宇宙中的 40 小时（图 7-3）。另一方面，元宇宙赋予人类以意识形态的形式永生，长期来看，人类得以摆脱碳基肉体寿命的限制，延伸生命的跨度。

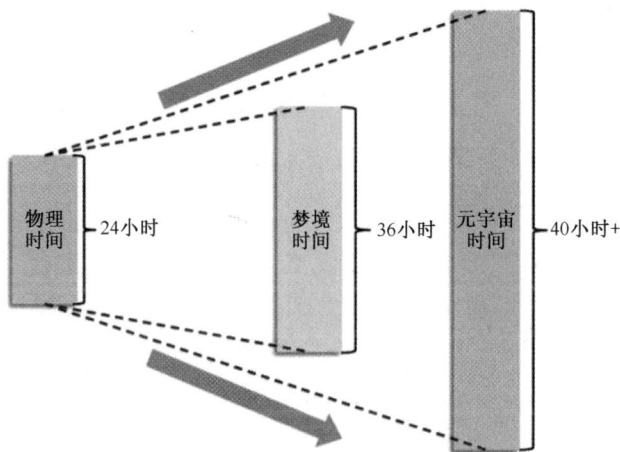

图 7-3 元宇宙时间放大效应

图片来源：Erlacher，D., and Schredl, M. (2004). Time required for motor activity in lucid dreams (2004), 中金公司研究部。

可以说，对宇宙最本质的认识，需要从时间维度入手。元宇宙将带来对时间观念的彻底改变。在元宇宙的时间中，遥远的空间被压缩为刹那即可穿越的距离，突破了物理空间和时间的束缚。在元宇宙中，生命将具有无限性，同一个人可以同时分身于不同的元宇宙之中，可以在元宇宙中扮演不同角色、体验不同状态的人生，而且多重的元宇宙生命可以同时呈现在不同的元宇宙中。即使现实中的生命主体死亡了，他的虚拟生命依然在元宇宙中存在。元宇宙中与之相关的一切数字性存在都依然在他名下，如他的数字遗产仍具有法律上的价值。目前，数字遗产问题已经引起广泛注意。

元宇宙：空间编织 + 时间编织

对于元宇宙的认识，总的来看业界大概分为三大派别：一类是虚拟现实派，核心关注点在于使用"5G+XR"等虚拟现实技术让员工可利用智能穿戴设备，实现虚拟与现实场景的交互。这类观点更多偏向于元宇宙实用主义，致力于基于智能穿戴设备快速实现落地应用。一类是数字孪生派，核心关注点在于在物理世界和数字世界间构建数据自动流动的闭环赋能体系，基于数字孪生体实现虚实联动。这类观点更多偏向于元宇宙理论主义，致力于构建虚实联动的信息物理系统。一类是经济体系派，核心关注点在于基于区块链等底层技术构建新型经济体系，这类观点更多偏向于元宇宙本质主义，从元宇宙实际特性出发。上述观点都对，但也都不全面，应该说是对元宇宙不同阶段的理解和认识。

元宇宙的本质是其对时空的数字编织，即对空间和时间的双重数字化。特别是是否具备对时间维度的数字化能力应该成为对元宇宙判断的重要标志。一方面，元宇宙要具备空间的数字化表达能力，元宇宙不仅将在数字空间中重构物理世界的数字孪生，还将在数字空间的基础上创造出物理空间中所不存在的"数字原生"。另一方面，元宇宙还要具备对时间的数字化表达能力，对时间的数字化意味着在元宇宙中可以对时间进行数字化的编辑、回溯、查找、延展、缩放等一系列操作，这些操作不会受限于物理时间的束缚，使得元宇宙空间能够真正能够摆脱物理时间的限制，甚至在"元宇宙时间"维度下，不会存在一天一年的概念。由此推及，元宇宙的两大关键技术底座：信息物理系统（CPS）和区块链（blockchain）。CPS用来解决数字世界的空间标记问题，建立数字世界的空间坐标及数字世界与物理世界虚实联动的机制；区块链用来解决数字世界的时间标记问题，建立元宇宙下的时间秩序。真正的元宇宙一定是建立在数字化空间与数字化时间相交织的数字化时空中的新世界。

时间就是价值

人类的发展史就是一部与时间斗争的历史。新技术的不断发展、涌现并演进，其本质都是在与时间赛跑、与时间抗争。从早期地动仪出现预测地震信息，到蒸汽机改良提高能量转化效率，再到互联网的出现，人与人的交流、情感的交互、物流的传递等一切都在时间维度下加速前进。突破对时间维度的认知困境和物理束缚，是实现真正元宇宙化最关键、也是最难的一步。时间效率的提升将带来价值体系的重构，从以物易物到商品货币再到数字货币的演进，不同时代的经济发展条件（贸易往来频率、信息扩散效率、人口迁移速度等），都需要适配性地建立新的价值交换体系。未来，面对元宇宙空间对时间的数字编织，极大加快了贸易往来频率、信息扩散效率、人口迁移速度等经济发展的节奏，这将需要一套新型的数字原生经济系统支撑。

7.3 元宇宙的"头号玩家"

目前，元宇宙浪潮已席卷全球，不管是传统行业还是科技巨头，都表现出争做"头号玩家"的浓厚兴趣。从本质上看，元宇宙并非一个学术概念，而是由科技界、产业界、法学界、投资界等方方面面合力推动形成的数字经济新空间。社会各界的一种普遍观点认为，元宇宙在较长一段时间内将成为改变人类生存、生活方式的重要发展方向，并呼吁社会各界理性看待元宇宙带来的新一轮技术变革和对社会的影响。在此背景下，一部分技术寡头企业、政府机构和标准化组织加快元宇宙的研究布局。

美国头部企业在元宇宙技术、应用及生态等核心赛道上纷纷布局，试图主导整个产业竞争格局。在元宇宙的软硬件技术研发上，Facebook 发力 VR，收购 VR 公司 Oculus 并推出第二代独立 VR 头盔和 VR 会议软件，在 2021 年 10 月还将公司更名为 Meta，全面布局元宇宙；苹果先后收购多家技术公司，聚焦 VR/AR，构建元宇宙底层组件；谷歌正在打造自己的智能手机处理器 Google Tensor。在内容应用上，全球首家将元宇宙写进招股书的美国游戏公司 Roblox 于 2021 年 3 月在纽交所上市，致力打造用户与开发者互动的平台，为用户提供更加生动逼真的游戏内容。在生态体系建设上，微软 CEO 萨提亚·纳德拉提出企业元宇宙，发展企业新型基础设施；英伟达以 Omniverse 平台为基础，搭建包含设计引擎、技术引擎和技术平台的生态体系，为元宇宙提供底层服务架构。除此之外，韩国发布《元宇宙首尔五年计划》，大力推进元宇宙在文化、旅游、教育和政务等领域应用。日本政府主管部门经济产业省发布《关于虚拟空间行业未来可能性与课题的调查报告》并鼓励企业基于动漫产业的基础优势推进元宇宙发展。

Meta

VR 头显商 Oculus 于 2014 年以 30 亿美元被 Facebook 收购，其产品 Oculus Quest 2 是目前市面上最受欢迎的 VR 设备之一，该产品在 2020 年 10 月发布，发布三个月总销量达到 300 万台，月销量在 100 万台以上，是全球出货量最高的 VR 头显设备。Oculus Quest 2 设备，如图 7-4 所示。从用户和玩家体验的角度来看，Oculus Quest 2 有以下几个优势：①无线，独立一体机，无须连接任何计算机或者手机设备；②显示分辨率较上一代有提高，画面的细腻程度要优于 Quest1；价格相对低廉，有 128GB、256GB 存储空间的 Oculus Quest 2 价格为 299 美元、399 美元；③游戏商城中游戏种类繁多，生态已经比较成熟了，一些比较热门的 VR 游戏，如 Super Hot、Beat Saber、Half-Life: Alyx 都可以在平台中找到；④除了本机游戏，还可以接入其他系统；⑤可以选择 Youtube、Netflix 等媒体播放器进入剧院模式观影。

图 7-4　Oculus Quest 2 设备

图片来源：网络引用。

Oculus Quest 2 的不足之处包括：①机身为塑料质地，质地一般；②瞳距只有三挡可调，用户可能无法选择最清晰的位置，只能适应其中一个挡位；③只能识别三根手指，无法像 Valve Index 一样实现五指手柄分开捕捉；④必须保证有可以访问 Facebook 的 WiFi 环境才可以被激活。目前，Oculus Quest 2 凭借其价格低、易用性强等优势成为当今最炙手可热的 VR 产品。

英伟达

Omniverse 平台是一套基于通用场景描述，专注于实时仿真、数字协作的云平台（图 7-5）。Omniverse 平台拥有高度逼真的物理模拟引擎及高性能渲染能力，用于实现多种现实场景的虚拟化。

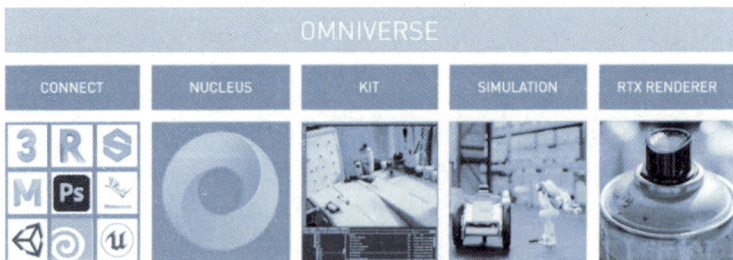

图 7-5　Omniverse 平台

图片来源：网络引用。

根据英伟达的官方信息披露，Omniverse 平台主要应用场景有建筑施工、传媒娱乐、生产制造、游戏开发和超级计算五大方面。通过 Omniverse 平台可以实现用户和应用程序间的实时协作、实时光线追踪和模型扩展三大功能。围绕 Omniverse 平台，英伟达加大对机器学习、视觉语音等技术环节的研发并对软硬件设施进行升级，构建完善的产品体系和强大的技术保障。英伟达 Omniverse 不仅能够加速各种复杂的 3D 工作流程（涵盖从概念构思到最终交付的各个工作流程），还能够以突破性的新方式实现后续先进创意和创新的可视化、仿真和编码，将光线追踪、AI 和计算等复杂技术集成到 3D 流水线中不再需要付出任何代价，而且会带来优势（图 7-6）。

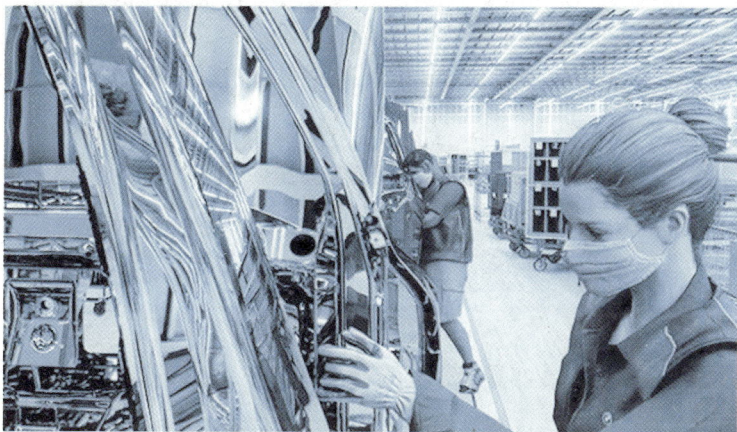

图 7-6 Omniverse 平台应用

图片来源：网络引用。

通过在 Omniverse 中创建数字孪生模型，宝马、爱立信、西门子能源等公司能够为独特的对象、流程和环境创建物理属性准确的虚拟副本，这些副本均会与实时数据输入持续保持同步，并由 AI 提供助力。借助 Nvidia Omniverse Enterprise，数字孪生工厂、5G 网络、发电厂及气候研究能实现比以往更快的速度和更高的保真度。

Roblox

Roblox 是世界最大的多人在线创作游戏（图 7-7）。至 2019 年，已有超过 500 万的青少年开发者使用 Roblox 开发 3D、VR 等数字内容，吸引的月活跃玩家数超 1 亿人次。

图 7-7　Roblox 游戏

图片来源：网络引用。

Roblox 是一款兼容了虚拟世界、休闲游戏和自建内容的游戏，游戏中的大多数作品都是用户自行建立的。从 FPS、RPG 到竞速、解谜，全由玩家操控这些圆柱和方块形状组成的小人们参与和完成。在游戏中，玩家也可以开发各种形式类别的游戏。Roblox 在玩法上进一步创新升级，类型更全面。除了传统的探索建造类沙盒玩法，Roblox 还覆盖主流的角色扮演、第一人称射击、动作格斗、生存、竞速等玩法，和其他各种各样的创意内容。在保证趣味性的同时，Roblox 对创作工具持续升级，提供更为强大的编辑功能和更丰富的素材库，鼓励玩家积极主动进行数字内容创作。为了兼容 VR，Roblox 增加了第一和第三人视角之间的切换选项。在 Roblox 上的用户可以从他们制作的游戏中获得报酬。Roblox 庞大的用户基础不仅可能产生众多的 VR 游戏，也使得 Roblox 有可能成为虚拟现实社交平台。Roblox 提供多平台支持，玩家可以和好友及其他人在计算机、手机、Xbox One 和 VR 设备上一起加入。在 Roblox 中还可以使用聊天、私信、群组等功能与好友交流。

腾讯

2012 年，腾讯以 3.3 亿美元买入 Epic Games 48.4% 的股权。2020 年 4 月，Epic Games 宣布完成 10 亿美元融资，用来打造元宇宙，此次融资将有助于完成在 Fortnite 等产品中构建互联社交体验的工作。2021 年 9 月，腾讯天美工作室上线新项目 ZPLAN，该项目主打"社交 + 游戏"，团队规模超千人，或成为腾讯实现游戏超级数字场景的关键产品，具备元宇宙潜力。同时腾讯管理层也在 2021 第三季度业绩交流会上表示，腾讯是一家技术驱动型公司，有构建元宇宙的模块，将这些模块搭建起来，可以很好地支撑元宇宙。

百度希壤

希壤是百度 VR 打造的一个虚拟互动空间，是百度发布的首个元宇宙产品，该产品目的是打造一个跨越虚拟和现实、永久续存的多人互动空间（图 7-8）。

图 7-8　百度希壤

图片来源：网络引用。

希壤的造型是一个莫比乌斯环星球。城市设计融入了大量中国元素，中国山水、中国文化、中国历史都将融入城市建设和互动体验中。在这里不仅可以偶遇擎天柱、大黄蜂，还可以寻访千年古刹少林寺，与三宝和尚切磋武艺；也可以探索三星堆，挖掘千年国宝；探访三体博物馆，看三体舰队在头顶来往穿梭。

2021 年 12 月 27 日，百度 Create 2021（百度 AI 开发者大会）在希壤召开。百度希壤表示，发布会当天可同时容纳 10 万名观众同屏互动。这是 Create 大会首次设置元宇宙论坛，也是其首次完全在元宇宙的虚拟空间中举办。

百度上线了定位为元宇宙社交的 App 希壤，用户在登录时完成取名、捏脸等人物塑造，之后便进入了虚拟空间，空间目前只开放了三层，商品展示展厅、百度世界大会会场、冯唐艺术馆。用户在空间内行走时可以和身旁的用户进行交流，也可以在右上角和小度语音互动。

目前希壤只是上线了部分功能，并提供了开发平台，举办希壤杯开发者大赛，进而实现生态共建。希壤目前的空间中，有一层是商品展示展厅，这一层用来展示牛奶品牌，一个硕大的牛奶瓶竖立在空间内，并且能看到牛奶的配料表。除此之外，还有一层是百度世界大会会场，该会场分为百度未来出行展区和智能生活展区。最后一层是冯唐的艺术馆。

网易瑶台

瑶台是一款可视化的沉浸式系统，是国内最接近元宇宙形态的产品。区别于传统视频会议的单一呈现方式，瑶台可以按照需求定制虚拟活动场景，每个参会者拥有自己的虚拟形象，还加入了 PPT 嵌入式播放、实时翻译等会务功能，除了更具虚拟的沉浸感，也能满足现实世界的切实需求。

最引发关注的是在瑶台中举办的全球首个元宇宙上市仪式，现实中的丁磊与两个元宇宙中的丁磊同步敲响上市锣。丁磊元宇宙敲锣相关话题被热议，网易也被称为是国内第一个将元宇宙玩出圈的企业（图 7-9）。

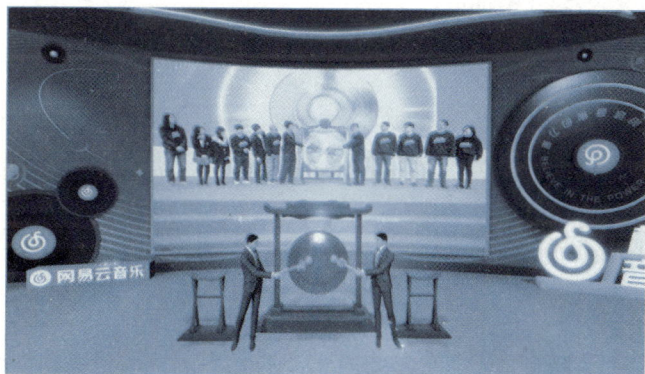

图 7-9　网易瑶台

图片来源：网络引用。

不仅如此，瑶台新开发的展会场景，可用于举办科技展、游戏展、艺术展等展会，满足展会中的社交需求，参会人可在其中享受沉浸式的逛展乐趣（图7–10）。

图 7–10　云宇宙会议场景

图片来源：网络引用。

未来瑶台将会陆续开放 UGC、PGC 等功能，让用户在定制化场景中能身临其境地表达情感和进行实时互动，可实现和朋友一起看球、蹦迪、看演唱会等功能。

我国在元宇宙产业发展上也加紧布局，部分省市和企业先行先试，以应用带动产业发展。在产业政策方面，《上海市培育"元宇宙"新赛道行动方案（2022—2025 年）》指出到 2025 年，要使上海市的"元宇宙"相关产业规模达到 3500 亿元。《河南省元宇宙产业发展行动计划（2022—2025 年）》提出到 2025 年，元宇宙核心产业规模超过 300 亿元，建成 10 个左右国内一流的元宇宙技术研究和创新平台。《关于浙江省未来产业先导区建设的指导意见》提出发展元宇宙未来产业体系，武汉、成都、合肥等地 2022 年政府工作报告均作出对元宇宙的发展布局。在应用创新方面，数字藏品、游戏社交等领域已有产品，阿里巴巴的"鲸探"、京东的"灵稀"等纷纷迈入数字藏品（NFT）市场；百度智能云"曦灵"、网易"伏羲"等打造数字虚拟人，开发多场景沉浸式应用。在技术研发上，百度发布元宇宙产品"希壤"，并在希壤 App 上成功举办 AI 开发者大会；字节跳动投资元宇宙概念企业代码乾坤，并收购 VR 优势品牌 Pico 加速入局元宇宙。目前，元宇宙生态整体还处于发展早期，但国内的公司已经开始了元宇宙的布局，承担起人类进行"数字迁徙"的使命。

7.4 设想在元宇宙中的一天

假设我们的主人公叫小元，是一名机械工程师。2050 年的一天早晨，小元被智能家居设备唤醒，开始处理一系列工作安排及约会事宜。刹那间，今天的工作清单、错过的朋友消息和新闻事件琳琅满目地投射在对面的智慧面板上，并显示"数小元"已经连续工作了34206 小时。同时在小元休息的时间，"数小元"已经帮其自动出售了数字证券账户中的投资资产并存放在其数字钱包中，支付了他未来一年的数据流量套餐费用。

8:30 与朋友来一场环金字塔的单车行

小元进入到自己的数字交互室，穿戴好智能设备后，接受了朋友的动感单车邀请，用一场酣畅淋漓的健身开启一天的工作。接受邀约后，一瞬间来到了埃及金字塔旁，小元和朋友小宇约定绕金字塔一周，看是否可以刷新上周保持的最短时间纪录（图 7–11）。

人们运动的同时，屏幕呈现着运动中的卡路里消耗和今天需要补充摄入的微量元素。运动结束后，一份提前预订好的营养早餐，通过"中央厨房 + 无人机配送"，送到了小元房间的配送台上。小元洗个澡后，简单吃完元气早餐，便开始了一天的工作。

图 7-11　元宇宙健身

图片来源：网络引用。

9:30 与同事沟通近期的工作安排

在小元订购的移动元空间中，输入事先约定好的元宇宙坐标地址，小元在家中和部门同事准时来到了会议室，以"数字小元"的身份在元宇宙中实现面对面的交流，一见面，同事们就夸赞着"数字小元"刚刚新换的一身限量款套装，羡煞旁人。今天，他的工作内容是去远在日本的海外工厂进行设备巡检，并与阿联酋的合作伙伴签订一份维保服务合同。

10:30 来到海外工厂检修设备故障

确认工作计划后，马上就到了与海外工厂约定检修的时间，小元输入了工厂的坐标地址信息，通过家中的数字交互室，来到公司第一大客户的海外工厂，在与现场工作人员进行简单的沟通后，"数字小元"获得了进入故障设备的数字孪生体的权限，进入到设备的内部进行巡检。

在检查的过程中，小元发现某个参数运行异常，于是对出现问题的设备进行了详细的检查，查阅了设备的历史运行参数，远程接入测试工具软件，调整了错误的参数，修复了故障零件。这些修复动作在物理世界的工厂中会由机器人同步执行操作，大量传感器可以捕捉实时数据，以确保物理世界中的工厂状态始终与元宇宙中的数字孪生体保持一致。元宇宙设备维护（图7-12）。

图7-12　元宇宙设备维护

图片来源：网络引用。

12：00 挑选喜爱的食材饱餐一顿

中午，小元和小伙伴一起来到元宇宙厨房，根据自己喜爱的口味选择了一系列食材，由中央厨房的智能机器人按照个人喜好进行烹饪，为自己精心搭配了一份午餐，随后通过智能无人机配送到他的家中。小元享用了一顿美味且健康的午餐。

13：00 午休

饱餐一顿后，小元从数字交互室回到卧室，准备小憩一会。此时，"数字小元"仍在元宇宙空间中，自动处理着上午的会议纪要并填写检修报告信息，按照公司的规定要求，生成今天的任务完成记录，向上级反馈进度信息。

14：00 准备洽谈商务合同

小元回到元宇宙的办公室中，为签订一份专利购买合同做准备。整个合同完全是以智能合约的形态存在的，因此他详细检查了智能合约的代码，并利用多种工具进行代码审计。在小元对 NFT 专利证书进行验证后，智能合约会自动执行，按照预先的设定将第一批款项支付给对方，同时将 NFT 专利证书发送到客户所在公司的地址。智能合约自动执行的方式可以有效避免合同的违约风险，链上保存也可以确保合同不会被随意更改。

15：00 开始商务谈判签订合约

小元和同事接入到合作伙伴办公室在元宇宙中的坐标，直接来到了对方公司进行签约。这份专利购买合同以智能合约的形式记录在区块链上，具有自动执行的功能。在双方确认合同代码不存在问题后，小元将用于购买专利的央行数字货币存入该智能合约，随后对方也将专利授权证书以 NFT 的形式存入该智能合约。

17：00 下班后与朋友相约一起去看演唱会

下班后，小元约了远在法国留学的朋友在元宇宙中一起去看贾斯汀·比伯（Justin Bieber）的演唱会，在这里他可以和自己的偶像"面对面"互动、合影（图7-13）。

图 7-13　元宇宙演唱会

图片来源：网络引用。

22：00 看完演唱会一同去夜游巴黎的美景

看完演唱会，小元和朋友都意犹未尽，相约到巴黎塞纳河一起回味刚才的喜悦同时游览巴黎的夜景，在元宇宙中输入了坐标地址后，分享着一天美妙的喜悦。

后　记

　　重大问题的解决方案，永远不可能在产生这个问题的维度上出现。杀死柯达胶卷的元凶绝非是"第二个柯达"的诞生。对于数字化转型的认知同样如此。当前，数字化转型已经不是可选题，而是一道关乎企业生存的必答题。数字化是我们当下这个时代的一种工具、一种手段、一种技能。数字化技术到底有什么价值，这一话题已经无须多言，就像当下，关于数字化转型实用主义类的书籍已有很多。我们是利用数字化技术作出更加高级的"胶片"，还是谋划出新赛道的"智能手机"，这是当下需要思考的问题核心。

　　在数字化转型这场"热运动"，我想我们需要保持一定清醒的"冷思考"。需要跳出眼下对数字化转型管中窥豹式的认知，在人类演进的历史长河中，探讨为什么不早不晚，而是当下这一时间节点提出数字化转型这一概念？数字化转型的标志是什么？它与我们过去讲的信息化、两化融合、智能制造、工业互联网、信息物理系统又有什么区别？数字化转型的未来将驶去何方？对于人类来说是否又是一次革命性质的迁徙？回答上面这一系列问题，我们想用长镜头来回顾这样一个时代到来的前世今生，尽量用朴素、趣味、老少皆宜式的语言阐述最浅显易懂的逻辑，试图在这场迁徙大规模来临之前，促使更多的人登上数字化转型的挪亚方舟。

本书带领读者朋友回顾在这次"数字迁徙"到来之前，历史上都发生了哪些具有时代意义、值得借鉴的变革，看清时代变迁的基本盘，找到这次"数字迁徙"之旅上怀揣着的必需品。以古鉴今，我们以旁观者的视角找到本次"数字迁徙"的驱动力——数据力，找出引发这场迁徙的最后一根稻草。带领读者朋友在这场"数字迁徙"的过程中一探世界各主要国家的数字竞备：看一看"一马当先"的美国如何手握高科技优势重塑数字时代制造业竞争；"老谋深算"的德国为何突然华丽转身推出工业4.0，抢跑数字化赛道；"不甘掉队"的英国用产业金融、知识产权、数智服务掌握数字化竞争的主动权；"步履蹒跚"的日本怎样面对老龄化的现实，加快老、中、新的蜕变；"寂寞难耐"的印度如何打造数字化竞争软实力。同时，辩一辩企业数字生存的成与败。结合我国改革开放40多年来的实践经验，提炼出我国制造业数字化转型的底层逻辑：即在"本土创新 + 中国智造 + 双循环"的背景下，以"育珠、强链、建网"方式构建数字化转型新体系，形成几点供大家思考的数字化共识。最后，和朋友们一起畅想一下迁徙的数字世界新蓝图：未来我们在元宇宙中的一天。

这是一本跳出数字化转型来看数字化转型的书籍，它不会过多地追求实用性，不会手把手告诉你要通过怎样的技术，实现怎样的转型。而是在精神层面、认知层面，和你一起走一次纯粹的数字化思想探索之旅。越是不追求实用性，才越能做好自己精神基层上的打底。

参考资料

[1] 侯文若. 人类历史上五次大迁徙. 世界知识，1987.

[2] 华觉明，冯立昇. 中国三十大发明. 北京：大象出版社，2017.5.

[3] 施展，史学. 溢出：中国制造未来史. 北京：中信出版社，2020.

[4] 何帆. 变量：看见中国社会小趋势. 北京：中信出版社，2019.

[5] 梅宏. 推动传统行业数字化转型. 人民日报，2021.

[6] 梅宏. 建设数字中国：把握信息化发展新阶段的机遇. 人民日报，2018.

[7] 凯文·凯利. 失控. 北京：电子工业出版社，2016.

[8] 周宏仁. 信息化论. 北京：人民出版社，2008.

[9] 王建伟. 赢在平台 解锁工业互联网的动力密码. 北京：人民邮电出版社，2018

[10] 王建伟. 工业赋能 深度剖析工业互联网时代的机遇和挑战. 北京：人民邮电出版社，2018.

[11] 王建伟. 数字领航 换道超车——数字化转型实践探索. 北京：人民邮电出版社，2019.

[12] 王建伟.创无止境.北京:人民邮电出版社,2019.

[13] 王建伟.大化无痕 两化融合助力制造强国(第2版).北京:人民邮电出版社,2021.

[14] 王建伟.数据为王:打开工业数据治理之门.北京:人民邮电出版社,2021.

[15] 安筱鹏.重构:数字化转型的逻辑.北京:电子工业出版社,2019.

[16] 安筱鹏.数字化转型的八个关键问题.中国经济评论,2021(07):18-21.

[17] 安筱鹏,苏中,安琳.平台型技术创新:数字时代大国竞争制高点.发展研究,2022.

[18] 尹丽波.数字基建——工业互联网与工业电商.北京:中信出版社,2020.

[19] 胡虎.三体智能革命.北京:机械工业出版社,2016.

[20] 朱铎先,赵敏.机·智:从数字化车间走向智能制造.北京:机械工业出版社,2018.

[21] 赵敏,宁振波.铸魂:软件定义制造.北京:机械工业出版社,2020.

[22] 宁振波.智能制造的本质.北京:机械工业出版社,2021.

[23] 方富贵.浅析中国互联网的现状及发展趋势.甘肃联合大学学报(自然科学版),2012(5):73-75.

[24] 王旭.互联网发展史.个人电脑,2007(3):182-188.

[25] 王军. 计算机智能化控制的应用与研究. 电脑知识与技术, 2017（23）: 164-165.

[26] 王晨, 宋亮, 李少昆. 工业互联网平台: 发展趋势与挑战. 中国工程科学, 2018, 20（2）: 15-19.

[27] 覃剑. 互联网新技术新应用推动制造业转型升级. 企业经济, 2019（4）: 29-35.

[28] 曾德麟, 蔡家玮, 欧阳桃花. 数字化转型研究: 整合框架与未来展望. 外国经济与管理, 2021（5）: 63-76.

[29] 苏艳涛, 甄仲强, 区林波. 基于 5G SA 的智慧钢厂解决方案. 电脑与电信, 2021（08）: 40-43.

[30] 罗建强, 蒋倩雯. 数字化转型下产品与服务创新优先级演化分析——基于海尔智家案例. 科学学研究: 1-17.

[31] 林琳, 吕文栋. 数字化转型对制造业企业管理变革的影响——基于酷特智能与海尔的案例研究. 科学决策, 2019（01）: 85-98.

[32] FRANCISCO B, YVES G, 等. 全球灯塔网络: 重构运营模式, 促进企业发展. 瑞士: 世界经济论坛, 2021.

[33] 张其仔, 贺俊. 第四次工业革命的内涵与经济效应. 人民论坛, 2021（13）: 74-77.

[34] 张雍达, 宋嘉. 工业 4.0 时代的智能制造. 中国工业和信息化, 2021（09）: 32-34.

[35] 金国峰, 马梦园. 后疫情时代中小企业数字化转型进路. 情报探索, 2022（07）: 59-65.

[36] 苏莉娜，李慧，叶青，等．傅瑜：数字化升级是数字经济时代所有企业的必选题．科技与金融，2021（11）：34-36.

[37] 于佳宁，何超．元宇宙．北京：中信出版社，2021.

[38] 中金公司．元宇宙：空间升维、时间延展、社会重构．中金报告，2022.

[39] 中国信息通信研究院．云计算白皮书（2022年），2022.

[40] 中国电子技术标准化研究院．智能制造发展指数报告，2021.

[41] 中国电子技术标准化研究院．制造业数字化转型路线图，2021.

[42] 中国电子技术标准化研究院．信息物理系统白皮书，2017.

[43] 中国电子技术标准化研究院．信息物理系统（CPS）建设指南，2020.